7・8月 保育の展開

- 【夕涼み会】伝統的な夏の行事を楽しむ
  〜夕涼み会（夏祭り）〜 …………………… 82
- 【七夕】伝統的な夏の行事を楽しむ 〜七夕〜 ………… 83
- 【健康】暑さ・熱中症対策 ……………………………… 84
- 【安全】安全に気をつけて楽しみたい！ 水遊び ……… 85
- 【水遊び】楽しさいっぱい！ 水遊び・プール活動 …… 86
- 【すいか割り】夏ならではの活動を楽しむ …………… 87

9月
- 保育のポイント ……… 88
- 月案 ……… 90　●週案 ……… 92　●日案 ……… 94

10月
- 保育のポイント ……… 96
- 月案 ……… 98　●週案 ……… 100　●日案 ……… 102

11月
- 保育のポイント ……… 104
- 月案 ……… 106　●週案 ……… 108　●日案 ……… 110

12月
- 保育のポイント ……… 112
- 月案 ……… 114　●週案 ……… 116　●日案 ……… 118

9・10・11・12月 保育の展開

- 【運動会】子どもの興味に沿った運動会 ……………… 120
- 【保育参加】保護者との連携を深める保育参加 ……… 122
- 【いも掘り】前後の活動も楽しい！ さつまいも掘り …… 124
- 【食育】「食」への興味を引き出す栽培活動 ………… 125
- 【安全】子どもたちと自分の命を守る 〜防災〜 …… 126
- 【安全】子どものけがを防ぐ環境と配慮 ……………… 127

1月
- 保育のポイント ……… 128
- 月案 ……… 130　●週案 ……… 132　●日案 ……… 134

2月
- 保育のポイント ……… 136
- 月案 ……… 138　●週案 ……… 140　●日案 ……… 142

3月
- 保育のポイント ……… 144
- 月案 ……… 146　●週案 ……… 148　●日案 ……… 150

1・2・3月 保育の展開

- 【節分】自分のなかの鬼と向き合う豆まき ……………… 152
- 【ひな祭り】日本の文化を味わうひな祭り ……………… 153
- 【生活発表会】イメージを表現して楽しもう！ 生活発表会 … 154
- 【健康】進級までに確認したい生活習慣・生活リズム …… 156
- 【健康】子どもたちや保護者と取り組む感染症対策 …… 157
- 【異年齢交流】お店やさんごっこで5歳児と交流 ……… 158
- 【保護者支援】保護者の園内活動・サークル …………… 159

要領・指針の改訂（定）と指導計画

ここは押さえよう！ 改訂（定）のキーポイント

國學院大學 人間開発学部子ども支援学科 教授　神長美津子
（文部科学省中央教育審議会幼児教育部会 主査代理）

平成29年3月31日に、「幼稚園教育要領」（以下、教育要領）、「保育所保育指針」（以下、保育指針）、「幼保連携型認定こども園教育・保育要領」（以下、教育・保育要領）が改訂（定）・告示されました。この改訂（定）における大きな改善点は、満3歳以上の幼児教育については、教育要領、保育指針、教育・保育要領とも共通に考え、いずれの施設においても、質の高い幼児教育を保障することに努めることを示したことです。以下、3つの法令の改訂（定）されたポイントを見ていきましょう。

幼稚園教育要領の改訂ポイント

point 1　幼児教育で育みたい「資質・能力」の明示

同時期に改訂された新しい「学習指導要領」等では、幼児教育から高等学校教育までを通じて育成すべき資質・能力の3つの柱として、

①生きて働く「知識、技能」の習得
②未知の状況にも対応できる「思考力、判断力、表現力等」の育成
③学びを人生や社会に生かそうとする「学びに向かう力、人間性等」の涵養（かんよう）

を明確にしています。
それを受けて、幼児教育において育みたい資質・能力は、次のように明示されました。

(1) 知識及び技能の基礎
　　遊びや生活のなかで豊かな体験を通じて、感じたり、気づいたり、わかったり、できるようになったりする。

(2) 思考力、判断力、表現力等の基礎
　　気づいたことやできるようになったことを使いながら、考えたり、試したり、工夫したり、表現したりする。

(3) 学びに向かう力、人間性等
　　心情、意欲、態度が育つなかでよりよい生活を営もうとする。

各園で教育課程を編成する際には、幼児教育において育みたい資質・能力について、もう少し具体的な「幼児の姿」でおさえることが必要になります。

point 2　「幼児期の終わりまでに育ってほしい姿」（10項目）の明確化

「高等学校を卒業する段階で身につけておくべき力は何か」という全体像から、幼児教育段階では、「幼児期の終わりまでに育ってほしい姿」が次の10項目に示されました。

(1) 健康な心と体
(2) 自立心
(3) 協同性
(4) 道徳性・規範意識の芽生え
(5) 社会生活との関わり
(6) 思考力の芽生え
(7) 自然との関わり・生命尊重
(8) 数量や図形、標識や文字などへの関心・感覚

〈幼児期の終わりまでに育ってほしい姿〉

健康な心と体　自立心　協同性　道徳性・規範意識の芽生え　社会生活との関わり

思考力の芽生え　自然との関わり・生命尊重　数量や図形、標識や文字などへの関心・感覚　言葉による伝え合い　豊かな感性と表現

(9) 言葉による伝え合い
(10) 豊かな感性と表現

　ここには、5領域に基づいて教育課程を編成し、総合的に指導することを通して育まれる幼稚園修了時の幼児の具体的な姿・方向性が示されています。教職員が保育を計画し、指導・実践する際に、参考とするものです。

point 3　幼児教育の「見方・考え方」の確認

　小学校以上の教育では、それぞれの教科で重視する固有の「見方・考え方」がありますが、幼児教育において重視する「見方・考え方」は、幼児が身近な環境と主体的に関わり、心動かされる体験を重ねるなかで、環境との関わり方や意味に気づき、これらを取り込もうとして、試行錯誤したり、いろいろ考えたりすることです。こうした「見方・考え方」を幼稚園教育の基本のなかで確認し、環境の構成や援助を工夫することを促しています。

point 4　カリキュラム・マネジメントの確立

　質の高い教育及び保育を提供していくためには、幼児期に育みたい資質・能力を園目標として、その実現に向けたカリキュラムと園運営のマネジメントを関連付けながら改善・充実させていくことが必要です。
　そのためには、各教職員は、カリキュラムが目指す方向を踏まえて日々の実践を重ねるとともに、実践後の話し合いからカリキュラムの評価・改善という循環の過程を共有することが大切です。この場合、改めてカリキュラムの評価・改善のための園内研修を設ける場合もありますが、日頃から園内において実践を語り合う雰囲気を大事にし、各園の課題を教職員間で共有することも必要です。

　「カリキュラム・マネジメント」は、園長や主任だけでするのではなく、教職員一人ひとりが、当事者意識をもって臨むことが必要なのです。そのことは同時に、各担任が、発達の見通しと広い視野をもっての実践を展開することにつながっていきます。教科書がない幼児教育においては、「カリキュラム・マネジメント」に参画するなかで、子どもたちの発達の過程を確認したり、園環境を見直したりして、保育実践力を向上させていくことが重要なのです。

point 5　幼児理解に基づく「評価」の実施

　幼稚園教育では、これまで幼児一人ひとりのよさや可能性を把握して、幼児理解に基づく評価を実施してきました。このように、小学校以上の評価の仕方と異なる幼児期の教育における評価の考え方を、今回改めて教育要領のなかで示しています。これは、資質・能力を育むということを幼児教育から高等学校教育まで一貫して行っていくにあたり、教育の展開は、それぞれの学校段階により異なることを示しています。

point 6　特別な支援が必要な幼児への指導

　障害のある幼児や海外から帰国した幼児等の幼稚園生活への適応など、特別な配慮を必要とする幼児への指導の充実を図っています。

point 7　現代的な諸課題に沿った改善・充実

　今回の改訂では、資質・能力の3つの柱に沿って教育内容の見直しを図るとともに、近年の子どもの育ちに関わる環境等の変化による現代的な諸課題に沿って、教育内容の

改善・充実を図っています。

例えば、領域「健康」では「多様な動きを経験する中で、体の動きを調整するようにすること」、領域「人間関係」では「諦めずにやり遂げることの達成感や、前向きな見通しをもって自分の力で行うことの充実感を味わうことができる」、領域「環境」では「わらべうたや我が国の伝統的な遊びに親しんだり、異なる文化に触れる」、領域「言葉」では「言葉の響きやリズム、新しい言葉や表現などに触れ、これらを使う楽しさを味わえるようにすること」、領域「表現」では「(豊かな感性を養う際に、)風の音や雨の音、身近にある草や花の形や色など自然の中にある音、形、色などに気付くようにすること」などがあります。

また、思いやりや忍耐力といった非認知的能力を育むことの重要性も、注目されています。

保育所保育指針の改定ポイント

point 1 保育所保育における幼児教育の積極的な位置づけ

保育所保育も幼児教育の重要な一翼を担っていることから、3歳以上の教育部分は教育要領等と同様に、幼児教育を行う施設として育みたい資質・能力、幼児期の終わりまでに育ってほしい姿（10項目）を示し、小学校との円滑な接続を図っていきます。また、「全体的な計画」の作成、保育における「評価」の在り方などについても充実が図られています。

これらについては、前項目「幼稚園教育要領の改訂ポイント」を参照してください。

point 2 乳児、1～3歳未満児の保育に関する記載の充実

乳児や1・2歳の時期の重要性や、近年の0～2歳児の保育所等の利用率の上昇などを踏まえ、3歳以上児とは別の項目を設けるなど、記載内容の充実を図っています。特に、発達の特性と併せて保育内容を示すとともに、養護の

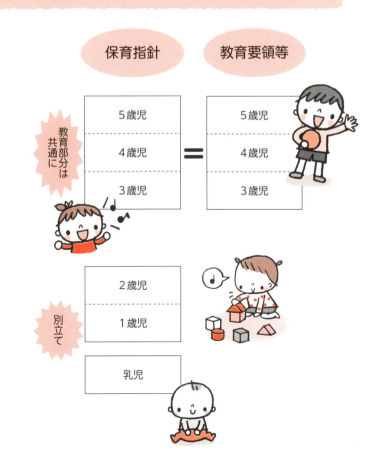

理念を総則で重点的に示しています。

point 3 「健康及び安全」に関する内容の充実

子どもの育ちをめぐる環境の変化を踏まえ、「食育の推進」や「事故防止及び安全対策」など、「健康及び安全」の内容について、改善・充実を図っています。

point 4 保護者・家庭および地域と連携した「子育て支援」の必要性を明示

保護者と連携して子どもの成長を支えるという視点を明確にし、「保護者が子どもの成長に気付き子育ての喜びを感じられるように努めること」「保育の活動に対する保護者の積極的な参加は、保護者の子育てを自ら実践する力の向上に寄与することから、これを促すこと」など、子どもの育ちを保護者とともに喜び合うことを重視しています。

また、保育者が行う地域における子育て支援の役割が重要になっていることから、「保護者に対する支援」の章を「子育て支援」と改め、内容の充実を図っています。

point 5 保育士の資質・専門性の向上

職員の資質・専門性の向上について、「研修の実施体制等」の項目が新たに加わり、保育士のキャリアパスの明確化を見据えた研修の機会の充実が示されています。また、組織内での研修成果の活用として、「保育所における保育の課題を理解し、その解決を実践できる力を身に付けること」を挙げ、研修の成果を保育の改善に結びつけていくことの必要性を示しています。

幼保連携型認定こども園教育・保育要領の改訂ポイント

教育・保育要領は、平成27年4月に施行されたばかりなので、今回の改訂では、基本的構成は維持しつつも、教育要領と保育指針の改訂（定）の方向性との整合性を取りながら、内容の充実が図られました。

3歳以上の教育部分は教育要領と、乳児と1・2歳児は保育指針と同様ですので、そちらを参照してください。認定こども園独自の改訂内容は、概ね次の2項目です。

point 1 幼保連携型認定こども園として特に配慮すべき事項の充実

基本的内容は維持しつつ、在園時間や日数が異なる多様な園児がいることへの配慮として、3歳児から集団経験の異なる多様な園児が入園してくるため、「家庭や他の保育施設等との連携や引継ぎを円滑に行うとともに、環境の工夫をすること」「満3歳以上の園児同士が共に育ち、学び合いながら、豊かな体験を積み重ねることができるよう工夫をすること」「子育ての支援を推進する」ことを示しています。

point 2 「健康及び安全」「子育ての支援」を新たに章立て

子育ての支援の充実、災害に対する危機管理等の今日的課題を受けて、新たに章を起こし、内容の充実を図りました。

「指導計画」とは何か

指導計画は、保育者による"愛情の計画"

國學院大學 人間開発学部子ども支援学科 教授　神長美津子
（文部科学省中央教育審議会幼児教育部会 主査代理）

「指導計画」は、園の「教育課程」や「全体的な計画」の実施にあたって、幼児の生活する姿を考慮して、各発達の時期にふさわしい生活を展開し、そこで幼児が発達に必要な経験が得られるようにするために作成するものであり、幼児理解に基づく発達の理解から指導の手がかりを得て、保育の内容や方法を具体化するものです。

行き当たりばったりでは、「保育」ではない

集団で営む園生活のなかで、一人ひとりの発達を保障していくためには、発達の見通しをもって計画的に保育を進めていくことが必要です。もし、指導計画がなかったらどうなるでしょうか。幼児が環境と関わって生み出す活動に任せていくわけですから、その時々は楽しい時間を過ごすことができるかもしれませんが、幼児一人ひとりについて、そうした体験を重ねて修了までに育てたいことを保障していくことは必ずしもできるわけではありません。行き当たりばったりでは、すべての幼児に発達を保障する「保育」はできないのです。

例えば、

○今週、仲間に入れるか入れないかのいざこざがよく起きていた。

○仲間関係が育ってきていることはわかるけれど、このことをプラスの育ちにしていくためには、どうしたらよいだろうか。

○来週の週案には、いざこざを予測して、そのときの保育者の関わりをていねいに書いておこう。

というように、幼児の実態を分析しながら、保育者の関わりについて予め予測して週案を書いていくことが必要となります。

また「初めて運動会に参加する3歳児が、それを楽しみにするためには、3週間前だけれど、どういう環境にしていったらよいだろうか」など、「教育課程」や「全体的な計画」を見通しながら、担任する幼児たちにとって実り多い園生活にするために準備をすることを、週案に書いてお

くことも必要です。こうした発達の見通しをもった指導計画を作成するからこそ、確実に幼児一人ひとりの発達を保障することができるのです。

 目の前にいる幼児の姿から立案する

しかし、指導計画は、園の「教育課程」や「全体的な計画」に示す幼児の経験する内容を単純に具体化したものではありません。むしろ、指導計画の作成は、「教育課程」や「全体的な計画」の各発達の時期に示す幼児の経験する内容について、目の前の幼児が生活する姿を起点にして、どのようにしたらこれらの経験する内容を保障することができるのかを考えていくことと言えます。

そこには、いくつかの道筋が考えられますが、幼児の生活する姿と経験する内容を線で結ぶというよりは、いくつかの道筋が重なり相互に関連して面となって、各発達の時期に示す幼児が経験する内容を保障していくというイメージです。この意味で、指導計画作成は、幼児が生活する姿を中心にして、各発達の時期にふさわしい園生活をデザインしていくことにほかなりません。

 あくまで"仮説"であるので、反省・評価が必要

幼児期の教育では、その発達の特性を踏まえて適当な環境を構成し、幼児自らが周囲の物や人と関わりながら、発達に必要な経験を重ねていくことが大切です。

もし、周囲の環境が幼児の発達に応じたものでなかったり、保育者の関わりが適切なものでなかったりすると、幼児の興味や関心が引き起こされず、せっかく幼児が環境と関わって生み出した活動も、幼児の発達を促すものとはなりません。

幼児の主体的な活動を通して、幼児一人ひとりの発達を保障していくために指導計画はありますが、それはあくまでも"仮説"であることにも留意する必要があります。指導計画は、常に、幼児の活動に沿って反省・評価を重ねることが必要なのです。そこには、幼児一人ひとりの姿を見守る保育者のまなざしがあり、幼児一人ひとりのもつよさや可能性を最大限に引き出していこうとする保育者の願いが込められています。この意味で、指導計画は、保育者による"愛情の計画"と言えるのです。

「指導計画」立案の手順と留意点
目の前の子どもたちの姿からスタート

國學院大學 人間開発学部子ども支援学科 教授　神長美津子
（文部科学省中央教育審議会幼児教育部会 主査代理）

　保育終了後、保育室の片付けをしているときなどは、幼児たちの一日の姿をいろいろ思い出し、明日の保育をどうするかが心に浮かぶのではないでしょうか。しかし、いざ「日案」を立てようと机に向かうと、つい身構えてしまって、適切な言葉が見つからず、なかなか書けないということがしばしばあります。多様な活動が展開するなかで、保育の意図や保育者の行為を書き記すことが難しい「指導計画」ですが、あらためて手順とポイントを考えてみましょう。

短期の「指導計画」

step 1　生活の姿から幼児の発達を理解する

　「日案」や「週案」などの短期の指導計画は、書き方は多少異なるところがあるかもしれませんが、基本は、保育者自身が日々の保育を振り返り、幼児の生活する姿から発達の理解を深め、それをもとに作成していく計画と言えます。
　「週案」であれば、前週の保育記録を読み直し、幼児の生活する姿を整理するとともに、保育者自身の指導を振り返ります。
　保育記録を整理する際、次のような視点に分けて整理すると、前々週からの変化する姿を捉えやすいので、発達の理解を深めることができます。
　①**生活に取り組む姿**
　　　基本的な生活習慣、生活のリズム、当番や帰りの会の様子など
　②**遊びに取り組む姿**
　　　興味や関心のもち方、遊び方など
　③**人と関わる姿**
　　　友達との関わり、保育者との関わり、集団のなかでの様子など
　また、一週間分の保育記録を読み直していると、その行間から、保育記録を書いているときには気づかなかった、幼児の思いとのズレや指導の問題に改めて気づくこともあります。こうした気づきも踏まえて、週の「ねらい」や「内容」、「環境構成」を考えていきます。

step 2　「ねらい」や「内容」を設定する

　短期の指導計画で「ねらい」や「内容」を設定する際には、年間指導計画などで押さえているその園の幼児たちの発達の過程を参考にしますが、単純に年間指導計画を具体化するわけではありません。前週の週案の「ねらい」や「内容」がどのように達成されつつあるかなどの幼児の実態を捉え、それを発達の過程のなかに置きながら「ねらい」や「内容」を設定して、次のようにまとめていきます。
　○**ねらい**……発達の理解を深めながら、幼児が「実現したいと思っていることは何か」、つまり、発達しつつあるものを押さえる
　○**内容**………そのために保育者が指導し、幼児が経験していくことを押さえる

　例えば、前週の保育記録には、幼児の姿として、幼児同士の遊びのイメージがすれ違ってトラブルを起こす姿がたびたび書かれていました。しかし、同時に友達を誘って遊びを楽しむ姿も書かれています。「友達といっしょに遊びたい」という気持ちが芽生えているものの、思いを伝え合うことは、まだうまくできていないようです。

　そこで、ねらいは、「遊びのイメージをもって、友達との遊びを楽しむ」としました。そのねらいを身につけていくために必要な経験としては、「友達に思いやイメージを伝えながら、遊びを進める」「友達の話を関心をもって聞く」を押さえました。

　「ねらい」の設定では、幼児が楽しむことを捉えています。「内容」では、幼児のもつ能動性を引き出しながら、発達に必要な経験を保障していくことを考えています。

遊びのイメージが　　　　　友達を誘って遊びを
すれ違ってトラブル　　　　楽しむ姿も見られる

前週の
子どもの姿

保育者の
見立て

・いっしょに遊びたい気持ちが芽生えている
・思いを伝え合うことはうまくできていない

今週の
ねらいと
内容

ねらい　・遊びのイメージをもって友達との遊びを楽しむ

内　容　・思いやイメージを伝えながら遊びを進める
　　　　・友達の話を関心をもって聞く

　幼児が実現したいと思っていることや楽しみを無視して一方的にねらいを設定しても、発達に必要な経験を得ることはできません。保育者の役割は、環境に関わって生み出されるさまざまな幼児の活動に沿って、発達に必要な経験が得られる状況をつくっていくことです。

　そのためには、育てたい方向を「ねらい」として見据え、活動のなかでの幼児の楽しみや経験していること、さらにより多くの幼児たちに経験してほしいことなどを「内容」として押さえます。そのことにより、指導の視点が明確になり、幼児一人ひとりの発達を保障する保育を展開することができます。

 step 3　予想される幼児の姿に沿って「環境の構成」を考える

次に「ねらい」や「内容」に沿って、物的・空間的「環境の構成」を考えていきます。

○日案の場合

日案であれば、その物的・空間的環境の構成のなかでの幼児一人ひとりの姿を思い浮かべてみます。積極的に関わる幼児がいる一方で、あまり興味を示さない幼児もいるでしょう。興味を示さない幼児にはどう対応しますか？　保育者が、楽しそうに設定された環境のなかで遊び始めたらどうかなどなど、予想される幼児の姿に沿って、具体的に環境の構成を考えていきます。

○週案の場合

週案の環境の構成は、日案の場合とは多少異なり、例えば、「友達と誘い合ってごっこ遊びを始めることができるよう、遊びに必要な物や必要な物を作る材料などを保育室の一角に並べて置いておく」など、「環境の構成のポイント」というような、ざっくりとした書き方かもしれません。

「環境の構成」を考える際、保育者の関わり方も記載するようにしましょう。例えば、友達とのトラブルが起きた際に「積極的に関わる」のか「少し距離を置いて見守る」のかにより、トラブル解決を通して幼児が経験することが異なります。また保育者が仲介する際、相手の思いやイメージに気づくためにはどのような話しかけ方がよいのかなど、トラブルの状況を予想しながら、具体的に書いておくようにしましょう。

 step 4　反省・評価から次の指導計画へ

幼児の生活や遊びに沿って綿密に立てた指導計画であっても、実際の保育の展開においては、保育者の予想とは異なる展開が生じることが、たびたびあります。幼児の思い

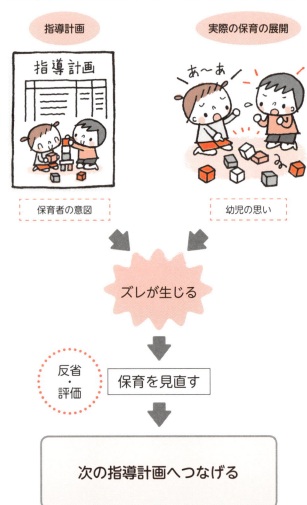

と保育者の意図との間にズレが生じるのです。ズレが生じることが問題ではなく、そのズレから保育を見直し、いかにして次の指導計画につなげていくかが問題です。このため、日々、保育記録を書き記しながら、反省・評価を重ねていくことが必要なのです。

また、週案や日案などの短期の指導計画の反省・評価は、通常は担任が個々に行うものですが、時には学年のケース会議や園内研修に取り上げながら、園の教育や保育を確認し、保育者一人ひとりの幼児を見る目や保育を構想する力を磨いていくことも必要です。

長期の「指導計画」

step 5 短期の指導計画の反省・評価を重ねて、長期の指導計画へフィードバック

週案や日案などの短期の指導計画は、担任が、クラスの幼児の実態を捉えて作成しますが、その拠り所となるのは、「年間指導計画」などの長期の指導計画です。年間指導計画などの長期の指導計画は、幼稚園は「教育課程」に、保育所と認定こども園は「全体的な計画」に基づいて、園長のリーダーシップのもと、園全体の保育者で作成します。

「年間指導計画」は、その園の幼児の発達の過程を押さえたうえで、園行事や季節の変化などを盛り込み、幼児たちにとって潤いと変化のある楽しい園生活になることを願って作成します。

「年間指導計画」は、一度作成すると、しばらくそのままという園がしばしばあります。毎年、全面的に作り直す必要はありませんが、前年度の終了時には、保育者間で意見を交換しながら、年間指導計画の反省・評価をする必要があります。いわゆる、自己評価・自己点検です。

その際、大切にしたいことは、「幼児の発達の視点」です。特に、同じ園行事でも、学年によって、その園行事の幼児

にとっての意味は異なるので、園行事を通して幼児のなかに何を育てていくかを押さえ、そのうえでの反省・評価をすることが必要です。例えば、5歳児にとって、運動会は何度か経験してきているので、運動会に向かう気持ちをもつことができます。しかし、初めての運動会を体験する3歳児にとっては、「運動会のイメージ」がないので、練習も本番も、そして運動会が終わった後も、その時々を楽しんでいるのかもしれません。それぞれの視点から反省・評価をしていきましょう。

ある意味で、指導計画は"仮説"です。幼児一人ひとりの発達を保障するよりよい保育を求めて、その"仮説"を検証していきたいものです。

認定こども園における「指導計画の考え方」

多様性に応じた教育・保育をいかに組み立てるか

学校法人渡辺学園 港北幼稚園
認定こども園 ゆうゆうのもり幼保園　　園長　渡邉英則
（文部科学省中央教育審議会幼児教育部会委員）

認定こども園が考えるべき課題は何か

一人ひとりにどのような生活を保障できるか

　認定こども園では、一日の生活リズムや在園時間の異なる園児がともに生活します。指導計画を考えるうえで、基本となるのはあくまでも子どもの姿ですが、在園する時間によって、生活の場が変わったり、子どもの数が増減したり、担当する保育者も変わるなど、見えている子どもの姿がさまざまに異なってくるのが認定こども園です。家庭の状況も含め、さまざまな生活の仕方がある子どもに対して、認定こども園が一人ひとりの子どもたちにどのような生活を保障できるのかが、「認定こども園における指導計画」の重要な役割ともいえます。

　とはいえ、「認定こども園の指導計画」といっても、基本となる考え方は幼稚園や保育所と大きく変わるわけではありません。子どもの姿をどう捉え、一人ひとりの子どもの姿から、個々の子どもに即した保育を考えていくという基本は同じです。

　ただ、計画の前提となる一人ひとりの生活が、一日のなかで大きく異なっている子どもがいたり、また夏休み期間などの長期休暇中も、毎日のように園に来る子どももいれば、長期休暇の間ほとんど家庭で過ごす子どももいたりするなどします。

　生活の仕方が大きく異なる子どもたちがともに生活するなかで、どのように指導計画を作成していくかは、園の置かれている状況もそれぞれ異なるため、園全体で担当する保育者の配置や行事の在り方、連携の仕方なども工夫するなど、考えるべき課題が多くあることも考慮しなければなりません。

子どもの一日が豊かになるために何ができるか

　では、「認定こども園の指導計画」はどのように考えていけばいいでしょうか。基本になる考え方は、子どもの24時間の生活を見通したうえで、改めて子どもの生活に即して指導計画を考えてみることです。朝起きたときから夜寝るまで、子どもの一日の生活がより豊かになるために、認定こども園として何ができるのかというような発想が求められます。

　朝早く登園してくる子どもや、夜遅くまで園にいる子どもに対して、どのような保育を行えばいいのか、また、教育課程に係る教育時間だけで家庭に帰る子どもは、午後の時間に家庭や地域でどのような生活をしているのか、そこで保障されていた体験や経験は、教育課程に係る教育時間後の活動に入れ込む必要はないのかなど、子どもの過ごす時間や場に応じて、どのような教育・保育を行っていくかを組み立てていくのが、認定こども園における指導計画なのです。

14

♣ そこにあるさまざまな生活の刺激を、さらなる学びに

改訂された「幼保連携型認定こども園教育・保育要領」でも、「教育及び保育の内容、並びに子育ての支援等に関する全体的な計画」に基づいて組織的かつ計画的に、各幼保連携型認定こども園の教育・保育活動の質の向上を図っていくという「カリキュラム・マネジメント」の重要性や、指導計画の作成上の留意事項のなかで、「主体的・対話的で深い学び」が実現するようにしながら幼保連携型認定こども園の生活が充実することが求められました。

乳児も幼児も含め、さまざまな生活の仕方をする子どもに対して、一人ひとりが乳幼児期にふさわしい生活を展開し、必要な体験を得ていくことが必要です。

特に在園する全ての子どもがいる教育課程に係る教育時間において、3歳児未満の生活や、教育課程に係る教育時間後に行う活動、さらには家庭や地域での体験や経験などがすべてお互いに刺激し合い、影響し合って、遊びの充実につながり、さらなる学びとなってより豊かな生活を築いていくような指導計画になっていくことが求められているのです。

認定こども園の指導計画作成上の留意事項

《年間計画》
先を見通して、計画を決めておく

　認定こども園では、その子その子の状況によって多様な生活の仕方になるため、保育者にとっても、また保護者にとっても、一年を見通した年間の計画を年度当初にきちんと決めておく必要があります。特に働いている保護者が参加する行事などは、年間を通して早めに知らせる必要があります。

　また、子どもの生活の質を高めていくためにも、おおよその時期に行うことが決まっている季節ごとの行事や栽培、地域との連携、家庭との連携なども、年間を通して考えておきます。

　避難訓練や誕生会など、年間を通して繰り返し行う行事などでは、そのやり方を年間の流れのなかで工夫してみることも大事です。また季節に合わせた遊びにも、あらかじめ必要な環境や教材などを事前に準備しておき、少し時期がずれて早めに始まったときにも対応できる配慮があると、慌てずに子どもと関わることができます。

　また、教育課程に係る教育時間後の活動においては、基本的に季節行事などは行わないため、子どもの生活にどのようなメリハリをつけていくか、年間を通した計画のなかでどのようなことに取り組もうとするのかもあらかじめ決めておくと、スムーズに活動を進めることができます。

《月案》
情報の共有は月単位の計画で

「月案」は、指導計画のなかでも、その時期ならではの子どもの育ちや変化を読み取ることに適している計画案だといえます。前月の子どもやクラスの姿をきちんと反省・評価したうえで、そこから該当する月の「ねらい」や「内容」を考えていきます。月単位で指導計画を考えることで、クラス全体を見通した子どもの育ちや、友達関係の変化などが見えてきます。

行事や日々の保育でどんな活動を取り入れるかなどの具体的な見通しを決めたり、職員同士の話し合い、準備のための日程などを決めたりしていくのも、「月案」が中心となります。給食のメニューなども月単位で決められるのが一般的でしょう。食育や健康・安全への配慮なども、月単位で大事にしたいことを確認しておきます。

認定こども園では、3歳未満児クラスとの連携や、教育課程に係る教育時間後に行う教育・保育との連携、配慮事項も、「月案」が中心となって打ち合わせが行われる場合が多くあります。手作りおやつの日や、季節によっては近くの公園に出かけるなどの計画も、教育課程に係る教育時間との関係のなかで決めておくとよいでしょう。認定こども園では特に、「月案」を中心に、園全体の動きが、どの学年の保育者にも共有されているような体制づくりが求められています。

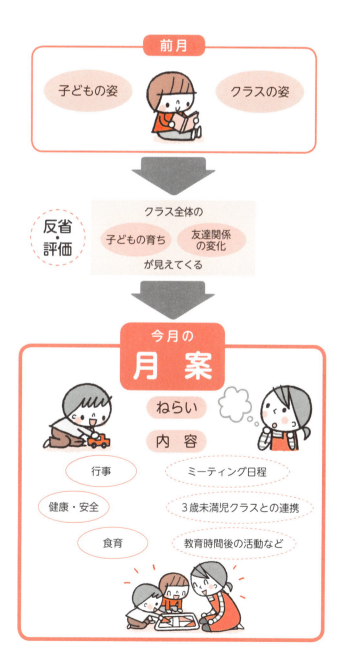

 《週案》
保育の流れは週単位の計画で

　「週案」は、遊びの変化を見通すうえで、大事な指導計画といえます。前週のねらい、内容、環境の構成、保育者の援助などを振り返り、心に残ったいくつかの出来事やクラス全体を見通した共通の姿などから、「前週の子どもの姿」を記録し、前週の反省や評価をすることから、今週の「ねらい」や「内容」が決まり、「週案」を作成していきます。

　前週の遊びの様子を踏まえて、具体的な環境や保育者の援助を考えていくなかで、今週、どのように遊びやそこに関わる仲間関係などが変化するかが見えてきます。最近では、「子どもの育ったと思える姿」をドキュメンテーションとして、写真を中心とした記録に残す園も出てきました。週単位で遊びをていねいに見て援助していくことで、子どもが遊びのなかで、何を経験しているか、何に夢中になっているのか、どんなイメージや考えがあって遊びが変化していくのかなどが見えてきます。それを、「週案」を中心とした保育の記録として残していくことや保護者に発信していくことも大事になってきます。

　また、突発的な出来事や園行事などの余韻を味わう姿なども、「週案」のなかに具体的な子どもの姿として出てくるはずです。教育課程に係る教育時間後の活動との連携も、週案単位で連携が行われると、遊びや友達関係を引き継ぐ保育者にていねいに伝え合うことができるようになります。

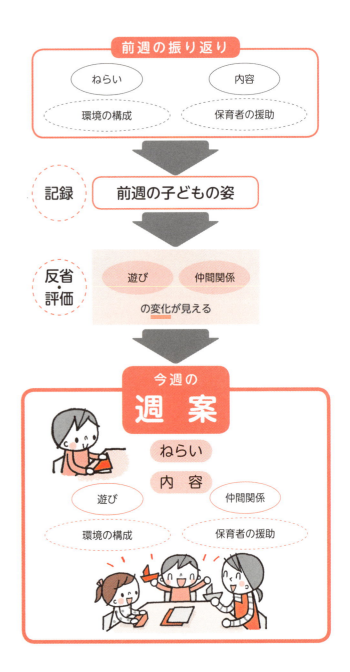

♣《日案》
書くことで"見えてくるもの"がある

「日案」は、より具体的な環境構成や保育者の援助などを明らかにするために、有効な指導計画です。クラスの実態をよりていねいにより詳しくわかろうとしたり、自分の保育を見直したりするためには、「日案」をきちんと書いてみると、見えてくることが多くあります。

本来、指導計画の基本は、一人ひとりに対して書くことです。認定こども園であれば、多様な子どもがいるため、なおさら一人ひとりに応じた指導計画があるべきだといえます。ただ、実際には、そのような指導案を作成していくことは大変な作業で、不可能であることも確かです。クラス全体を見通した日案を作成するなかで、個々の子どもにふさわしい生活とはどのようなものであるかを考えてみてください。

ただ、「日案」が特に大事になるのは、遊びが停滞していたり、配慮の必要な子どもや保育者がどのように関わっていいかわからない子どもへの対応を模索していたりするときであることも確かです。保育の基本に戻って、前日や前々日の子どもの様子を捉えたうえで、今日の「ねらい」や「内容」を決め、環境構成や保育者の援助を考えた日案を作成して保育に臨んでみると、見えてくることも多くあります。昨日から今日へのほんの少しの違いの積み重ねのなかで、子どもは育っていくからです。

また、「日案」を踏まえた保育記録があると、のちに何らかのトラブルがあったときなどに、保育の様子を振り返るのに役立ちます。一日の流れのなかで、子どもがどの時間に生き生きしているのか、仲間関係に大きな変化があるのは、どのような活動のときなのかなど、教育課程に係る教育時間だけでなく、一日を見通した子どもの姿をどのように把握していくかも、認定こども園の日案としてとても大事な役割を果たすことになります。

前日や前々日の子どもの様子	→	本日の日案を立てる ねらい 内容 環境の構成 保育者の援助	→	日案を踏まえた保育 小さな積み重ねのなかの成長が見える

日案を踏まえた保育記録
トラブル時に保育の様子を振り返ることができる

19

本書の指導計画について

本書の指導計画は、執筆園の保育をモデル化したものです。指導計画立案などのご参考にされる際は、貴園の所在地や子どもたちの実態に合わせて、ご使用ください。

1. 年間計画

園の教育課程等に基づき、子どもの発達過程を踏まえて、4歳児クラスの一年間で育てたい「子どもの姿」や保育の「ねらい」などを見通して作成しています。

○子どもの姿
子どもの発達過程と園の教育課程等を踏まえて、その時期によく見られる「子どもの姿」を示しています。

○ねらい
子どもの姿を踏まえ、育てたい子どもの姿や保育の意図をその期の「ねらい」として掲げています。
「ねらい」とその下の「内容」の欄は、保育者側の見方の参考として、養護面（◇）と教育面（◆）をマークで表示しています。

○内容
「ねらい」を達成するために、子どもたちに経験してほしい活動や遊びを挙げています。

○年間目標
園の教育課程等を踏まえ、4歳児クラスの一年間で育てたい子どもの姿を念頭に、指導の方向性を目標として記載しています。

○CD-ROMの階層
付属CD-ROMに収録された、本ページのデータの階層を表しています。

○「期」の分け方
指導計画執筆園の教育課程等に準じて、4期に分けています。

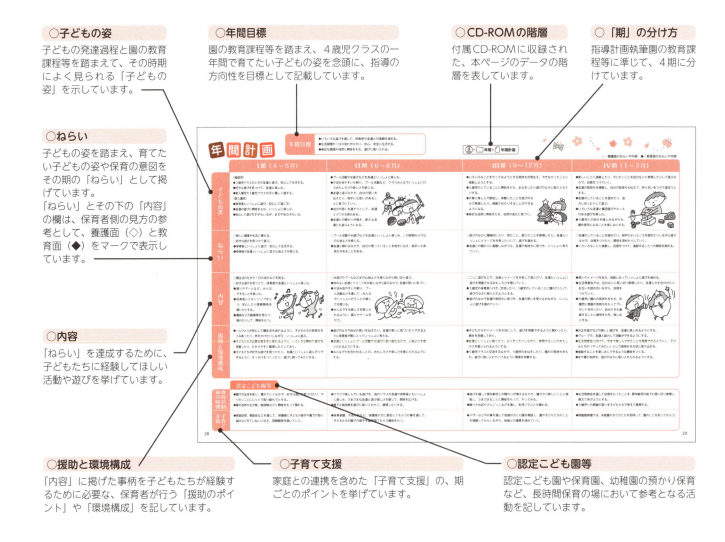

○援助と環境構成
「内容」に掲げた事柄を子どもたちが経験するために必要な、保育者が行う「援助のポイント」や「環境構成」を記しています。

○子育て支援
家庭との連携を含めた「子育て支援」の、期ごとのポイントを挙げています。

○認定こども園等
認定こども園や保育園、幼稚園の預かり保育など、長時間保育の場において参考となる活動を記しています。

○掲載している「年間計画」の種類
　上記の「（保育）年間計画」(28ページ) のほか、
　　◎「食育年間計画」(30ページ)
　　◎「保健年間計画」(32ページ)
　　◎「防災・安全年間計画」(33ページ)
　を掲載しています。

2. 子どもの姿と保育のポイント

各月のトップページには、年間計画・子どもの発達過程・季節などを踏まえて、その月に見られる子どもの姿と、クラスを運営していく際のポイントをまとめています。このページで、その月の保育が概観できます。

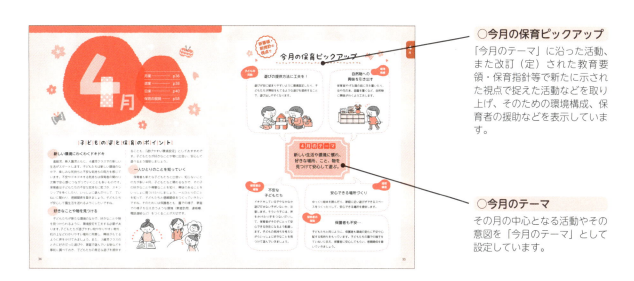

○今月の保育ピックアップ
「今月のテーマ」に沿った活動、また改訂（定）された教育要領・保育指針等で新たに示された視点で捉えた活動などを取り上げ、そのための環境構成、保育者の援助などを表示しています。

○今月のテーマ
その月の中心となる活動やその意図を「今月のテーマ」として設定しています。

3. 月案

年間計画の「期」を踏まえて、その月の4歳児クラスの子どもの姿を見通しながら、ひと月単位の計画にまとめて作成しています。

○前月末の子どもの姿
前月の終わり頃に見られるクラスの子どもたちの様子を示してます。

○今月の保育のねらい
前月末の子どもの姿を踏まえて、年間計画に示されたその時期のねらいを見据えながら、今月のねらいを立てています。

○養護と教育
「ねらい」、「子どもの活動内容」、「保育者の援助」は、点線で「養護」と「教育」に分かれています。これは、保育者側の見方として2つの面を意識した表記上の区分けで、子どもの活動が2つに分類されるわけではありません。

○CD-ROMの階層
付属CD-ROMに収録された、本ページのデータの階層を表しています。

○行事予定
その月の主な行事を表示しています。

○保育資料
その月によく見られる活動や遊びを掲載しています。ここに掲載された活動や遊びが、本書の月案・週案ですべて記載されているわけではありません。

○教育活動後の時間
認定こども園や保育園、幼稚園の預かり保育など、長時間保育の場において参考となる活動を掲載しています。

○その他のトピック
その年齢の保育で特に配慮するポイントを表示しました。

○自己評価の視点
当月の終了時に「評価」を行う際の視点を示しています。今月のねらいに対して、子どもたちの活動や発達の様子はどうだったか、また自らの関わりは適切だったか、という2つの面から示しています。

4. 週案

月案で挙げられた「ねらい」や「活動内容」をもとに、第1週から第4週の流れに展開しています。

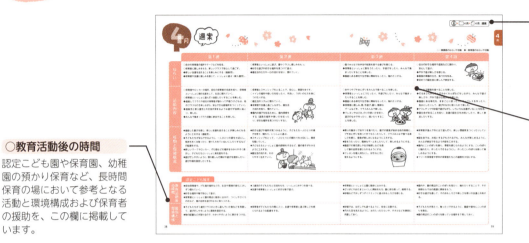

○**教育活動後の時間**
認定こども園や保育園、幼稚園の預かり保育など、長時間保育の場において参考となる活動と環境構成および保育者の援助を、この欄に掲載しています。

○**CD-ROMの階層**
付属CD-ROMに収録された、本ページのデータの階層を表しています。

○**養護と教育のマーク表示**
「ねらい」と「活動内容」については、養護面を◇、教育面を◆と表示しています。これは、保育者が「ねらい」や「活動」を立案する際の、見方としての表記上の区分けで、子どもの活動が2つに分類されるわけではありません。

5. 日案

その月の、ある一日を日案の形に展開。一日の活動の流れを示しています。

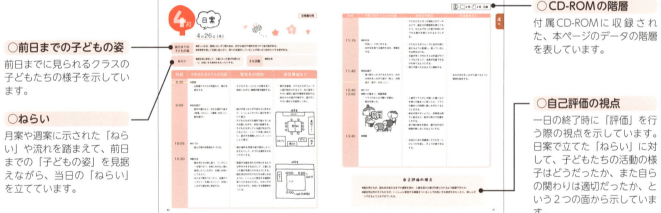

○**前日までの子どもの姿**
前日までに見られるクラスの子どもたちの様子を示しています。

○**ねらい**
月案や週案に示された「ねらい」や流れを踏まえて、前日までの「子どもの姿」を見据えながら、当日の「ねらい」を立てています。

○**CD-ROMの階層**
付属CD-ROMに収録された、本ページのデータの階層を表しています。

○**自己評価の視点**
一日の終了時に「評価」を行う際の視点を示しています。日案で立てた「ねらい」に対して、子どもたちの活動の様子はどうだったか、また自らの関わりは適切だったか、という2つの面から示しています。

6. 保育の展開

その時期の園行事や季節の健康、安全、環境構成などに役立つヒントや資料を掲載しています。

本書付属の CD-ROM について

本書付属のCD-ROMには、Excel 形式のデータが収録されています。以下の事項に合意いただいたうえで、ご開封ください。

◆ 本書付属CD-ROMをお使いになる前に

【動作環境】
◎付属CD-ROMは、以下のOS、アプリケーションがインストールされているパソコンでご利用いただけます。

＜ Windows ＞
OS：Windows10、Windows 8、Windows 7
アプリケーション：Microsoft Office 2010 以降

＜ Macintosh ＞
OS：Mac OS X 10.8 以降
アプリケーション：Microsoft Office for Mac 2010 以降

◎付属CD-ROMをご使用いただくためには、お使いのパソコンにCD-ROMドライブ、またはCD-ROMを読み込めるDVD-ROMドライブが装備されている必要があります。

【使用上のご注意】
・付属CD-ROMに収録された指導計画のデータは、お使いのパソコン環境やアプリケーションのバージョンによっては、レイアウトなどが崩れる可能性があります。
・収録された指導計画のデータは、本書誌面と異なる場合があります。
・収録された指導計画のデータについての更新や、使い方などのサポートは行っておりません。
・パソコンやアプリケーションの操作方法については、お手持ちの使用説明書などをご覧ください。
・付属CD-ROMを使用して生じたデータ消失、ハードウェアの損傷、その他いかなる事態にも、弊社およびデータ作成者は一切の責任を負いません。

※Microsoft Windows、Microsoft Office Excel は、米国Microsoft Corporation の登録商標です。本書では、商標登録マークなどの表記は省略しています。
※Macintosh は、米国 Apple Inc. の商標です。
※本書では、商標登録マークなどの表記は省略しています。

◆ CD-ROM 取り扱い上の注意

・付属のディスクは「CD-ROM」です。オーディオ用のプレイヤーでは再生しないでください。
・付属CD-ROMの裏面に汚れや傷をつけると、データが読み取れなくなる場合があります。取り扱いには十分ご注意ください。
・CD-ROMドライブに正しくセットしたのち、お手持ちのパソコンの操作方法に従ってください。CD-ROMドライブにCD-ROMを入れる際には、無理な力を加えないでください。トレイにCD-ROMを正しく載せなかったり、強い力で押し込んだりすると、CD-ROMドライブが破損するおそれがあります。その場合でも、弊社およびデータ作成者は、一切の補償はできません。

◆ 付属CD-ROMに収録されたデータの内容

・ページの上部に下記のようなCD-ROMのマークが付いているものは、付属CD-ROMにデータが収録されています。

・図のような順をたどっていくと、そのページのデータが収録されています。

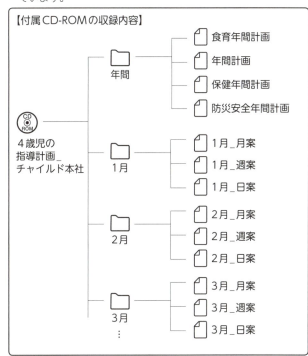

・お使いのパソコンの設定によっては、上図の順番で表示されない場合があります。
・付属CD-ROMに収録された指導計画のデータに、イラストは入っていません。

◆ CD-ROMに収録されている デジタルコンテンツの使用許諾と禁止事項

・本書付属のCD-ROMに収録されているデジタルコンテンツは、本書を購入された個人または法人が、その私的利用の範囲内においてお使いいただけます。
・本コンテンツを無断で複製して、第三者に販売・貸与・譲渡・頒布（インターネットを通じた提供も含む）することは、著作権法で固く禁じられています。
・本CD-ROMの図書館外への貸し出しを禁じます。

23

0〜5歳児 発達の姿を理解しよう

鈴木八重子（元 文京区立保育園 園長）

援助は子どもの発達理解から

　保育を行ううえで、「子どもの発達を理解すること」はとても大切です。保育者が子どもの発達の理解を深めることで、保育はよりよく展開されます。

　例えば、子どものある部分を育てたいと考えたとき、子どもの育ちを知って初めて、子どもがどういった発達段階にあるのか、どう援助していくと目指すところに到達するのかを考え、保育を進めることができるのです。

　遊びにおいて、子どもが興味をもち、おもしろがって自発的に遊ぶのは、その子の発達に見合った遊びです。集中できる遊びは、子ども自身の学びにつながります。危機管理の面でも、子どもの発達を知らなければ〈体験させてよいこと〉と〈止めるべきこと〉が判断できず、大事故につながりかねません。

　つまり、発達を正しく理解することで、一人ひとりに合った目標と、そのためのスモールステップが明確になり、よりよい発達への援助が行えるのです。

遊びから得た達成感が生活の充実に

　遊びは、子どもになくてはならない学びの場です。
　自分でやってみて、失敗して考えて、再度挑戦してみるという繰り返しから、子どもはいろいろなことを学びます。自分で学んで獲得するのは時間がかかることですが、できるようになった達成感は、なにものにも代えがたいものです。その達成感こそが、子どもの成長過程において大きな自信につながります。自信をもつことで、また次の興味や関心を抱き、挑戦し、充実した生活を送ることにつながります。

　保育者は、子どもの遊びと生活を保障し、安心して成長できる環境を提供する役割を担っているのです。

クラスの様子

0歳
- 飲む・寝る・遊ぶの安定したリズムで過ごす
- いろいろな味や形態、またスプーンに慣れる
- 探索活動が活発になる

1歳
- 好きな場所や遊びを見つけて安心する
- 友達を意識し始める
- 遊びの幅が広がる
- 着替えなどに興味をもつ

2歳
- 友達のまねをする
- 「イヤ！」「自分で！」と自己主張が出て、ぶつかることもある
- 身の回りのことを自分でしようとする
- パンツで過ごせる子もいる

3歳
- 新入園児と進級児に生活経験の差が大きい
- 周囲を見て「やりたい」気持ちが起きる
- いろいろなことに挑戦しようとする
- 自分なりに生活を見通す
- 基本的な生活習慣がほぼできる

4歳
- おもしろそう！ やってみたい！と、興味や関心が広がる
- 友達と思いがぶつかることもある
- 生活や遊びの決まりを守ろうとする
- クラスの活動を楽しむ
- 年長への期待感でいっぱいになる

5歳
- 年長としての自覚が芽生える
- 生活習慣が確立する
- 目的をもち、考えながら遊ぶ
- 子ども同士で話し合う力がつく
- クラスがまとまる
- 就学に向け、自分たちで見通しをもって生活を進める

運動機能	言語・認識	人間関係
●首が据わる ●寝返りをうつ ●はいはいをする ●つかまり立ちをする ●親指と人さし指でつまむ	●物をじっと見る ●声が出る ●喃語（なんご）が出る ●指さしの先を追う ●興味のある場所へ移動する	●動く人を目で追う ●いないいないばあを喜ぶ ●意思を伝えたがるようになる ●人見知りが始まる ●指さしが多くなる
●伝い歩きをする ●ちぎる、破る、なぐり描きをする ●歩き始める ●しゃがむ ●手をついて階段を上る	●簡単な一語文が出る ●二語文が出る ●一人遊びをする ●要求を簡単な言葉で表現する ●絵本や紙芝居に興味をもつ	●大人のまねをする ●要望を動作で伝える ●友達と手をつなぐ ●名前を呼ばれると返事をする ●簡単な挨拶をする ●笑ったり泣いたりして、感情を表す
●体を方向転換させる ●しっかりと歩く ●走ったり、跳んだりする ●のりやはさみを使う ●全身を使って遊ぶ	●言葉への興味が広がる ●三語文が出始める ●少しの間待てる ●おしゃべりが盛んになる ●盛んに質問する ●見立て遊びを楽しむ	●いわゆるイヤイヤ期 ●「自分で！」と自己主張する ●友達のそばで同じ遊びをする ●見立てやごっこ遊びをする ●簡単なルールのある遊びをする ●相手の思いに気づく
●箸を使い始める ●ボタンをはめようとする ●はさみで連続切りをする ●片足跳びをする ●目標物に向かって走る	●自分の名字と名前を言う ●大小の区別がつく ●「なぜ？」と質問する ●数の理解が進む ●乱暴な言葉づかいをまねたり、反応を楽しんだりする	●一人遊びに没頭する姿が見られる ●友達と遊ぶようになる ●けんかを通じて思いやりの気持ちが芽生える ●友達を手伝おうとする ●仲間意識が高まる
●でんぐり返しをする ●ボールの扱いが上手になる ●同時に２つの動きをする ●午睡なしで過ごせる子もいる ●縄跳びで両足跳びをする	●善悪の判断がつく ●靴の左右を正しく履く ●生活時間の理解が進む ●伝聞ができる ●文字や数へ興味が出る ●絵本やお話のイメージを広げて楽しむ	●遊びによっては特定の友達と遊びたがる ●思いやりの心が育つ ●競争心が芽生える ●自我が確立する ●約束やルールがわかり守ろうとする
●箸を使いこなす ●自分で衣服の調節を行う ●固結びができる子もいる ●側転をする ●リレー、ドッジボールをする ●自分なりの目標をもち、繰り返し取り組む	●感情の自覚とコントロールができる ●しりとりやなぞなぞを楽しむ ●不思議なことを図鑑で調べる ●生き物を飼育し観察する ●30までの数が数えられる ●左右や信号・標識の見方がわかる	●特定の仲よしができる ●けんかを話し合いで解決する ●友達の気持ちを代弁する ●ルールを作って遊べる ●共通イメージで製作できる ●見通しをもって準備や練習をする ●友達と協力して最後までやり通す

発達の姿
4歳児クラス

鈴木八重子（元 文京区立保育園 園長）

自我の確立に向けてさまざまな経験を

　4歳児になると、運動機能はますます伸び、クラスの友達とともに活発に遊び、いっしょに体を動かすことを喜ぶようになります。複雑な遊びのルールも理解でき、中当てドッジボールや氷鬼など、遊びの種類も広がってきます。また、自分なりに「できるようになりたい」「やってみたい」と目的をもって取り組む姿もありますので、保育者はその行為を認めながら、子どもたちが安心感や満足感をもって取り組めるようにしていきます。

　自我が形成されるこの時期は、友達に対する悔しさや競争心が芽生えますが、それも大事な経験のひとつです。保育者は、そうしたことを十分に経験できる環境を用意しましょう。

　言葉によって共通のイメージをもって遊んだり、友達といっしょに楽しみながら遊びや当番活動などをやり遂げようとしたり、目的に向かって集団で行動しようとしたりすることが増えてきます。さらに、遊びを発展させ楽しむために、自分たちで決まりを考えて作ろうとする姿もあります。また、自分なりに考えて判断する力が生まれ、けんかを自分たちで解決しようとする力がついてきます。そして、お互いに相手を許したり、異なる思いや考えを認めたりといった、社会生活に必要な基本的な力も身につけていきます。

　3歳児や5歳児との異年齢遊びでは、年上・年下との関係性を育みます。また、同年齢との遊びでは、思いを共有して保育者や友達の役に立つことをうれしく感じられるようになり、しだいに集団や仲間のなかの一人としての自覚が生まれてきますので、保育者は一人ひとりのよさを認めながら、子どもたちが安心して生活が送れるようにしていきます。

　生活面では、身の回りのことが自分ででき、先の見通しももてるようになりますので、週や月の活動を知らせていくようにしましょう。そうすることで、徐々に「明日必要な物」を保護者に伝えることができるようになります。

保育のポイント

ルールのある遊び

○鬼ごっこやトランプなど、複数人でルールのある遊びができるようになってきます。自分たちでルールを作って遊ぶ次の段階に進むためにも、この時期に遊び込みましょう。

○ルールを守って遊びながら、勝ったり負けたりするおもしろさも感じられるようにしていきます。負けるのが嫌でゲームを抜ける子どもには、自信のもてる言葉かけをしましょう。

	運動機能	言語・認識	人間関係
4歳0か月	●でんぐり返しをする ●子ども同士でボールを投げたり受けたりする ●同時に2つの異なる動きをする（例：紙を回しながら切る） **遊び** ・一人じゃんけん ・雑巾絞り 	●善悪の判断がつき、考えて行動しようとする ●文字や数に興味をもつ **援助** ・実際に数を数えながら物を持ったり動かしたりすることを遊びやお手伝いのなかに取り入れる。	●遊びによっては特定の友達と遊びたがる ●好きな友達や、いっしょに遊ぶと楽しい友達がわかる ●友達に関心を持ち、気持ちを伝えながらいっしょに遊ぶ ●トラブルを通して、思うようにならないことや相手にも思いや考えがあることに気づく ●いたわりや思いやりの心が育つ 
4歳6か月	●午睡なしで過ごせる子もいる **援助** ・寝ている友達の邪魔をしないよう、静かに過ごすよう伝えたり、別室に移動したりする。	●靴の左右を正しく履く ●生活時間の理解が進む **援助** ・時間を伝えてから活動に入る。 ●自分なりにイメージを広げて遊ぶ	●競争心が芽生え、勝敗を意識する **援助** ・勝敗へのこだわりが強い子どもには「負けることもある」とあらかじめ伝える。
4歳12か月	●縄跳びで両足跳びをする ●年長児の姿に憧れ、ドッジボールやサッカーをやりたがる	●簡単なルールをつくり、守って遊ぶ ●伝聞ができる ●文字や数を読み、書こうとする ●絵本やお話のイメージを広げて楽しむ	●自我が確立する ●友達といっしょに遊びや仕事をやり遂げようとする ●約束やルールがわかり守ろうとする

自我の確立と自尊心

○自分の思いをもち、自我が確立してくるこの頃。「負けた」という悔しい思いを避けずに、十分に経験しておくことが大切です。保育者はその気持ちを解消するよりも、子どもに寄り添って話を聞いてあげましょう。

○また、子どもの自尊心を尊重し、できたときにはいっしょに喜んで、その子の思いに共感しましょう。

年間計画

年間目標
- いろいろな遊びを通して、保育者や友達との信頼を深める。
- 生活習慣や1日の流れがわかり、安心、安全に生活する。
- 身近な環境や自然に興味をもち、遊びに取り入れる。

	Ⅰ期（4～5月）	Ⅱ期（6～8月）
子どもの姿	〈進級児〉 ● 3歳児クラスのときの友達と遊び、安心して生活する。 ● 好きな遊びを見つけて、友達と楽しむ。 ● 新入園児や3歳児クラスの子に優しく接する。 〈新入園児〉 ● 保育者といっしょに遊び、安心して過ごす。 ● 友達の遊びに興味をもち、いっしょに楽しむ。 ● 安心して遊びだす子もいるが、まだ不安な子もいる。	● プール活動や水遊びなどを友達といっしょに楽しむ。 ● 夕涼み会やすいか割り、プール活動など、クラスみんなでいっしょに行うおもしろさや楽しさを感じる。 ● 友達と遊ぶなかで、自分の思いを伝えたり、相手にも思いがあることに気づいていく。 ● 自分の思いを通そうとして、友達とぶつかる姿もある。 ● 友達との関わりが増え、新たな友達とも遊ぶようになる。
ねらい	◇新しい環境や生活に慣れる。 ◇好きな遊びを見つけて遊ぶ。 ◆保育者といっしょに遊び、安心して生活する。 ◆保育者や友達といっしょに遊ぶ心地よさを感じる。	◇プール活動や水遊びなどを友達といっしょに楽しみ、この時期ならではの心地よさを感じる。 ◆友達と関わるなかで、自分の思っていることを相手に伝え、相手にも気持ちがあることを知る。
内容	◇園生活の仕方や1日の流れなどを知る。 ◇好きな遊びを見つけて、保育者や友達といっしょに楽しむ。 ◆踊りやゲームなど、みんなですることを楽しむ。 ◆保育者とスキンシップをとり、安心したり信頼関係を築いたりする。 ◆園庭などの動植物を見たり、触れたりして、興味をもつ。	◇水遊びやプールなど水の心地よさを感じながら思い切り遊ぶ。 ◆仲のよい友達とイメージを共有しながら遊ぶなかで、友達の思いに気づく。 ◆夕涼み会やすいか割り、プール活動などを通して、みんなでいっしょに行うことの楽しさを感じる。 ◆みんなでする楽しさを感じられるように、踊りやゲームを行う。
援助と環境構成	● 一人ひとりが安心して園生活を送れるように、子どもたちの気持ちをくみ取ったり、声をかけたりしながら、いっしょに遊ぶ。 ● 子どもたちが必要な物を手に取れるように、いろいろな素材や遊びを用意したり、わかりやすく整理したりしておく。 ● 子どもたちが好きな遊びを見つけたり、友達といっしょに遊んだりできるように、きっかけをつくったり、遊びに誘ってみたりする。	● 遊びのなかで自分の思いを伝えたり、友達の思いに気づいたりできるように保育者が間に入っていっしょに考える。 ● 友達といっしょにプール活動や水遊びに取り組むなかで、心地よさを感じられるようにする。 ● みんなで力を合わせることの、おもしろさや楽しさを感じられるようにする。
教育活動後の時間	**認定こども園等** ● 園での生活を知り、慣れていくなかで、好きな遊びを見つけたり、やりたいことにじっくり取り組もうとする。 ● 春の自然や生き物、栽培物などに興味をもって関わる。	● クラスで楽しんでいる遊びを、他のクラスの友達や保育者ともいっしょに楽しみ、さまざまな友達と遊ぶ楽しさを感じて、関係を広げる。 ● 育てた栽培物を遊びに取り入れたり、調理したりする。
子育て支援	● 家庭訪問、懇談会などを通して、保護者に子どもの様子や園での取り組みなどをていねいに伝え、信頼関係を築いていく。	● 保育参観、夕涼み会など、保護者の方に参加してもらう行事を通して、子どもたちの園での様子を直接見てもらう機会をもつ。

◇…養護面のねらいや内容　◆…教育面のねらいや内容

III期（9〜12月）	IV期（1〜3月）
●いろいろなことをやってみようとする気持ちが芽生え、できなかったことに挑戦しようとする。 ●5歳児のしていることに興味をもち、まねをしたり遊びのなかに取り入れたりする。 ●行事に楽しんで参加し、体験したことを遊びのなかで再現したり、発展させたりすることができるようになる。 ●身近な自然に興味をもち、自然の変化に気づく。 	●新しいことに挑戦したり、やりたいことを自分なりに表現したりして遊ぶなかで、自信をつけていく。 ●友達の気持ちを理解し、自分の気持ちも伝えて、折り合いをつけて遊ぼうとする。 ●友達のしていることを認めたり、協力し合ったりして遊ぶ。 ●いろいろな友達と集団遊びやルールのある遊びを楽しむ。 ●5歳児との別れを惜しみながらも、最年長児になることを楽しみにする。 
◇遊びのなかに積極的に入り、見たこと、感じたことを表現したり、友達といっしょにイメージを共有したりして、遊びを進める。 ◆友達との関わりに葛藤しながらも、友達の気持ちに気づき、いっしょに考えていく。	◇友達のしていることを認めたり、相手のよいところを認めたりしながら遊ぶなかで、自信をつけたり、関係を深めたりしていく。 ◆いろいろなことに挑戦し、自信をつけて、進級することへの期待を高める。
◇ごっこ遊びなどで、友達とイメージを共有して遊んだり、友達といっしょに遊びを発展させるおもしろさを感じていく。 ◆5歳児の保育室へ行き、交流したり、5歳児のしていることに憧れたりして、遊びのなかに取り入れようとする。 ◆遊びのなかで友達の気持ちに気づき、友達の思いを受け止めながら、いっしょに遊びを進めていく。	◆思いやイメージを伝え、相談し合っていっしょに遊びを進める。 ◆生活発表会では、自分なりに思い切り表現したり、友達と力を合わせたり、お互いを認め合いながら、自信をつけていく。 ◆5歳児に憧れの気持ちをもち、卒園児に感謝の気持ちをもってプレゼントを作ったり、自分たちも進級することに期待をもち、楽しみにする。 
●子どもたちのイメージを大切にして、遊びを発展できるように関わったり、素材を用意しておく。 ●友達といっしょに踊ったり、なりきったりしながら、表現することのおもしろさを感じられるようにする。 ●5歳児クラスと交流するなかで、5歳児のまねをしたり、憧れの気持ちをもち、遊びに取り入れていけるように環境を用意する。	●お正月遊びなどの新しい遊びを、友達と楽しめるようにする。 ●グループで、友達と協力して活動ができるようにする。 ●生活発表会に向けて、今まで楽しんできたことを発表できるようにし、子どもたちの「やってみたい」という気持ちを大切に受け止める。 ●進級することを楽しみにできるような機会をつくる。 ●冬や春の自然を、遊びのなかに取り入れられるようにする。
●遊びを通して異年齢児との関わりが増えるなかで、憧れから新しいことに挑戦し、さまざまなことに興味をもって、やってみる。 ●踊りやお店やさんごっこなどを通し、乳児クラスとも関わる。	●生活発表会を通して自信をもったことを、異年齢児の前でも思い切り表現し、教えてあげようとする。 ●5歳児への感謝の思いを子どもたちで考えて表現する。
●バザーなどの行事を通して地域の方にも園を開放し、園や子どもたちのことを理解してもらいながら、地域との連携を深めていく。	●移動動物園では、未就園の子どもたちを招待して、園のことを知ってもらう。

	年間目標	●友達や保育者といっしょに食べる楽しさを感じる。 ●野菜などを育てながら、それをみんなで食べる経験をする。 ●食事の準備、片づけ、簡単な調理をする。

	4月	5月	6月
活動名	●みんなで食べよう	●きぬさやの栄養・すじ取りの実施 ●夏野菜の栽培活動開始	●野菜の栄養を知ろう ●栽培物の成長の記録
活動内容	●新しい友達との昼食を楽しむ。	●旬の野菜に触れる。 ●きぬさやの栄養を知り、すじを取る。 ●育ててみたい野菜を栽培する。	●野菜の色による栄養の違いを知る。 ●栽培物の生長を観察したり、絵に描いたりして、生長を喜ぶ。
援助と環境構成	●保育者が子どもたちの間に入り、友達や保育者といっしょに食べる楽しさを感じられるようにする。	●手洗いや消毒の仕方を伝える。 ●調理前後の色の違いに気づき、自分で調理したものを食べられるようにする。	●野菜の色の区別をポスターなどで見やすくしたり、子どもたちが視覚的にわかるように準備したりする。

	8月	9月	10月
活動名	●とうもろこしの成り立ち ●とうもろこしの皮むき	●果物の栄養を知ろう ●お月見だんご作り ●冬野菜の栽培活動開始	●さつまいもの栄養を知ろう ●スイートポテト作り
活動内容	●とうもろこしの皮むきをする。 ●実際に触り、調理前は固いことなど子どもたちが気づいたことなどを共有していく。	●果物を食べると体の中や肌がきれいになることを伝える。 ●お月見の由来を知り、だんご作りを楽しむ。	●さつまいも掘りに行く。 ●自分たちで掘ってきたさつまいもを調理する。さつまいもをうらごししたり、丸めたりして、食べることを楽しむ。
援助と環境構成	●図鑑を見るなどして、とうもろこしについて知ることができるようにする。 ●ゴミ箱を設置する。	●子どもたちが丸めやすい固さに練った白玉粉を用意し、みたらしだんごにするなど、子どもたちが食べやすいように工夫する。	●自分たちで収穫したさつまいもだとわかるように伝えていく。 ●さつまいもに関する絵本を見て、興味がもてるようにする。

	12月	1月	2月
活動名	●冬野菜ってなーんだ？	●乳製品ってなーんだ？ ●バター作り	●海藻ってなーんだ？
活動内容	●冬野菜について、図鑑などで知る。 ●栽培していた冬野菜を収穫し、調理して食べる。	●乳製品の種類について図鑑などで知る。 ●ボールの中に材料を入れ、みんなで転がし、バター作りをする。	●海藻について知る。 ●体によいことを知り、意欲的に食べられるよう図鑑などで調べる。
援助と環境構成	●苦手な子も食べられるように、育てることを楽しんだり、調理方法を考え、おいしく食べられるようにしたりする。	●乳製品のアレルギー児がいる場合は、配慮する。	●海藻が載っている図鑑などを準備しておく。

7月

- ●夏野菜の栄養を知ろう
- ●そら豆の皮むき
- ●栽培物の夏野菜を収穫・食べる

- ●食材に旬があることを知る。
- ●栽培物を収穫し、おいしく食べる。

- ●図鑑を用意し、夏野菜の特徴を伝える。
- ●子どもたちが好きな調理法を考える。
- ●自ら育てた野菜が食べられることを喜べるようにする。

11月

- ●ごはんの栄養を知ろう

- ●お米について絵本や図鑑などで知る。
- ●ごはんの栄養について知ったり、バランスよく食べることの大切さを知ったりする。

- ●感謝の気持ちをもちながら、最後の1粒まで食べられるように声をかけたり、きれいに完食できたことをいっしょに喜んだりする。

3月

- ●トッピングカレー作り
- ●みんなでカレーパーティー

- ●食材を切り、調理をしてカレー作りをする。
- ●トッピングするものを事前に子どもたちと考えて決めておく。

- ●包丁を使用する際は、大人が近くで見守る。
- ●自ら調理し、食べることを通して、食への興味や関心をもてるようにする。

その他に伝えていきたいこと

伝えたい事柄	伝える方法
いただきますの意味	●食事の挨拶「いただきます」「ごちそうさま」を大切にし、食材や食事を作ってくれた人への感謝の気持ちをもてるようにする。 ●給食室の人といっしょに食べるなど交流できる機会をもつ。
食事のマナー、姿勢、食べ方	●保育者や友達といっしょに食べることを楽しみ、食に興味をもてるように関わる。 ●食事中は立ち歩かない、姿勢よく座って食べる、よくかんで食べるなど、気持ちよく食べられるように配慮する。 ●食事の準備や片づけを行うことを伝える。
お箸の持ち方	●お箸の使用方法について、手に取りながら伝えていく。 ●進級までにスプーンやフォークでなくてもお箸で食べられるよう、家庭と連携しながら伝えていく。
旬ってなんだろう	●季節によって旬の野菜があることを知り、実際にどんな旬の野菜があるのか、図鑑や絵本で調べてみる。 ●実際に育ててみたい野菜を栽培して、食べることを楽しむ。
肉・魚の種類	●生き物の命をもらうことに感謝の気持ちがもてるようにする。 ●給食で出てきた肉や魚の種類を知ったり、図鑑で調べたりする。
野菜の栄養	●野菜を食べるとかぜをひきにくくなったり、便がよく出るようになったりすることを伝える。 ●野菜の色によって栄養の種類が違うことを伝える。

保健年間計画

 年間 ▶ 保健年間計画

健診	●健診などのときには、健康診断書に記録する。 ●診断結果を保護者に伝える。「異常なし」「要観察」などの診断結果の内容を伝え、受診した方がよい場合はその旨を伝える。	保健行事	身体測定…年3回 内科健診…年2回 歯科検診…年1回 視聴覚検査…年1回

	活動名	内容	保育者の配慮
4月	●アレルギー児の確認	●アレルギーについて確認する。	●今後配慮していくことなどを保護者と話し合う。 ●給食ではアレルギー食として提供し、他の園児の給食と混ざらないように、給食室から直接提供する。
5月	●身体測定 ●内科健診 ●歯科検診	●身長、体重、胸囲を測定する。 ●園医に来てもらい、子どもたちの様子を見てもらう。聴診器を当てて、脈拍、心音、呼吸音などを聴く。 ●園医に来てもらい、子どもたちの口腔内の様子を見てもらう。	●子どもたちが、自分の成長を喜べるよう声をかける。 ●子どもたちに、園医が来てくださっているときは、静かに待つよう伝える。また、静かにできるような環境をつくる（保育室とは別の場所で健診を行うなど）。 ●子どもの気になる点があれば、園医に様子を伝え、保育者が診断結果を直接聞けるようにする。
6月	●けがの予防	●雨が続き、室内で遊ぶことが多くなるので、けがを予防するため、環境を見直す。	●危険だと思われることには早めに声をかける。 ●子どもたちが思い切り遊べる環境をつくる。
7月	●視聴覚検査	●保育者が視力の検査を行う。	●園で検査を行う前に、自宅で視力と聴力の検査をしてもらう。 ●検査方法を子どもたちに事前に伝える。
8月	●熱中症の予防	●戸外に出る際は帽子をかぶるよう促す。 ●水分補給、塩分摂取をこまめに行う。	●炎天下のなか、長時間戸外で遊んでいないかなど、子どもたち一人ひとりの体調を気にかける。 ●スポーツドリンクを飲んだり、塩昆布をひと口食べたりするなど、熱中症対策を行う。
9月	●身体測定	●身長と体重を測定する。	―
10月	●けがの予防	●室内の動線の見直し。	●運動会などを通して、遊びがダイナミックになるので、子どもたちが危険なく遊べるように環境に配慮する。
11月	●けがの予防	●遊具などの遊び方を再確認する。 ●環境整備を行う。	●気温が低くなり、室内で遊ぶことが多くなってけがが増えるので、危険な場所はないかなど再度確認を行う。
12月	●感染症予防 ●けがの予防 （園内整備）	●手洗い、うがいの習慣づけ。 ●こまめな換気の実施。 ●霜や氷で危険な場所がないか、園庭整備を毎日行う。	●手洗い、うがいをこまめに行うように声をかけたり、空気の入れ換えをこまめにしたりする。 ●マスクで予防をしたり、衣服調節をこまめに行ったりする。 ●危険な所の霜や氷はお湯で流したり、危険な場所は子どもたちに立ち入らないように声をかけたりする。
1月	●身体測定	●身長と体重を測定する。	―
2月	●感染症予防 ●けがの予防	●手洗い、うがいの習慣づけ。 ●けがを予防する声かけの実施。	●寒くて、ポケットに手を入れて遊んでいる子に手を出すよう注意を促す。
3月	●内科健診	●園医に来てもらい、子どもたちの様子を見てもらう。聴診器を当てて、脈拍、心音、呼吸音などを聴く。	●子どもたちに、静かに待つよう伝える。また、静かにできるような環境をつくる。 ●子どもの気になる点があれば、園医に様子を伝え、保育者が診断結果を直接聞けるようにする。

防災・安全 年間計画

年間目標
- 子どもたちが、緊急時の避難の仕方を知り、自分の身を守る方法がわかる。

	日	開始時間	種別	訓練の内容・ねらいなど
4月	27日	帰りの集まりのとき	地震	●非常ベルや避難訓練の意味を担任の保育者から伝え、非常ベルを鳴らす。 ●子どもたちは、ダンゴムシのポーズをとったあと、担任の近くに集まる。
5月	23日	帰りの集まり前（12時50分頃）	地震	●「非常ベル＝自分の身に危険があるかもしれない」ということと、非常ベルが鳴ったらどうすればよいかを伝える。非常ベルを鳴らし、子どもたちが担任の保育者の近くに集まったあと、園庭に避難する。 ●「お、か、し、も」の約束をわかりやすく伝える。
6月	5日	保育中随時	地震	●非常ベルを鳴らす。子どもたちは、担任や近くの保育者のところに集まったあと、防災頭巾をかぶり、園庭へ避難する。 ●園庭に集合したあと、クラスごとに集まり、人数確認。保育者の連携、動きの確認も行う。 ●「お、か、し、も」の約束を子どもたちと確認する。防災頭巾のかぶり方、使う意味も伝える。
7月	8日	クラスで集まっているとき（11時頃）	火災	●非常ベルを鳴らす。子どもたちは保育者のところに集まる。煙を吸い込まないように、ハンカチや服の袖で口を覆うよう伝える。 ●出火場所を確認し、園庭（火もとから離れた場所）に避難する。
8月	—	—	—	
9月	12日	クラスで集まっているとき（11時頃）	地震	●非常ベルが鳴ったら頭を守り、保育者の近くに集まることを確認する。 ●防災頭巾をかぶって、園庭に避難する。 ●防災の日のことも伝えながら、地震が起きたときにどのように行動したらよいかを、子どもたちと確認する。
10月	26日	保育中随時	火災	●非常ベルが鳴ったら、近くの保育者のところに集まる。 ●近くにいる保育者といっしょに園庭へ避難する。 ※防災センターを見学した経験を生かす。
11月	9日	午後の時間（抜き打ち）	地震、火災	●非常ベルが鳴ったら、近くの保育者のところに集まる。 ●火災、災害の状況に応じて危険な場所を回避しながら、避難経路を考え、保育者の指導のもと、園庭に避難する。
12月	6日	昼食前	火災	●消防署の人に来園してもらい、防災対策についての話をしてもらう。非常ベルを鳴らし、訓練のようすを消防署の人に見てもらって、アドバイスをもらいながら防災に関して話してもらう。
1月	17日	随時（保育者も含め抜き打ち）	地震	●子どもたちが遊んでいる途中で非常ベルを鳴らし、放送の内容にも耳を傾けるように促す。 ●子どもたちが近くの保育者のところに集まったあとで、園庭に避難する。 ●地震のときや、火災のときの避難の仕方を確認する。
2月	7日	午後の片づけが終わるころ	不審者の侵入	●不審者対策の避難訓練を行う。 ●保育者だけがわかる放送の合図で、子どもたちを集め、ホールに避難する。
3月	—	随時（2回）	—	●今までの訓練を振り返って、欠けているところや中心にしてみたい訓練などを担任の保育者と検討し、1年のまとめとする。

月案	p36
週案	p38
日案	p40
保育の展開	p58

子どもの姿と保育のポイント

新しい環境にわくわくドキドキ

　進級児、新入園児ともに、4歳児クラスでの新しい生活がスタートします。子どもたちは新しい環境のなかで、楽しみな気持ちと不安な気持ちの両方を感じています。不安やドキドキする気持ちは保育者の関わり次第で安心感につながっていくことも多いものです。保育者は子どもたちの不安な気持ちに気づき、スキンシップを多くしたり、いっしょに遊んだりして、ていねいに関わり、信頼関係を築きましょう。子どもたちが安心して園生活を送れるようにしたいですね。

好きなことや物を見つける

　子どもたちが新たな環境のなかで、好きなことや物を見つけられるように、環境設定を工夫する必要があります。子どもたちが遊びやすい物や作りやすい物を、机の上などわかりやすい場所に用意し、興味がもてるように声をかけてみましょう。また、3歳児クラスのときに好きだった遊びや、家庭で遊んでいる物などを事前に調べておき、子どもたちの身近な遊びを提供することも、「遊びやすい環境設定」としておすすめです。子どもたちが好きなことや物に出会い、安心して遊べるよう援助しましょう。

一人ひとりのことを知っていく

　保育者も新たな子どもたちと出会い、知らないことの方が多い4月。子どもたちと関わるなかで、その子の好きなことや得意なことを知り、興味のあることをいっしょに見つけたりしましょう。一人ひとりのことを知って、子どもたちと信頼関係をつくっていきたいですね。そのためには保護者とも、園での様子、家庭での様子を伝え合うような環境（家庭訪問、連絡帳、電話連絡など）をつくることが大切です。

今月の保育ピックアップ

子どもの活動
遊びの提供方法に工夫を！

遊びが目に留まりやすいように環境設定したり、子どもたちが興味をもてるような遊びを提供することで、遊び出しやすくなります。

環境構成
自然物への興味を引き出す

保育室やげた箱の前に花を置いたり、虫や花の本、図鑑を置くなど、自然物に興味がわくよう工夫します。

4月のテーマ
新しい生活や環境に慣れ、好きな場所、こと、物を見つけて安心して遊ぶ。

保育者の援助
不安な子どもたち

ドキドキしている子やなかなか遊びだせない子がいないか、注意します。そういう子には、声をかけたり手をつないだりして、保育者がその子にとって安心できる存在になるよう配慮します。子どもの気持ちを考えながらいっしょに好きなことを見つけて遊んでいきましょう。

環境構成
安心できる場所づくり

ゆっくり絵本を読んだり、家庭に近い遊びができるスペースをつくったりして、安心できる場所を提供します。

保育者の援助
保護者も不安…

子どもたちと同じように、保護者も環境の変化に不安や心配する気持ちをもっています。子どもたちの園での様子をていねいに伝え、保護者に安心してもらい、信頼関係を築いていきましょう。

4月 月案

予想される子どもの姿

- 進級した喜びを感じ、張り切って登園したり、遊んだりする。
- 新しい遊びや物の使い方などに戸惑いながらも、それを試すようになる。
- 環境の変化や不安、緊張により、泣いたり、遊びだすまでに時間がかかったりする。

	ねらい	子どもの活動内容
養護	◇新しい保育室や自分のマークなどを知り、新しい環境や園での生活の仕方や流れに慣れていく。 ◇衛生的で安全な環境のなかで、自分の居場所を見つける。 ◇保育者との信頼関係を築く。	◇保育者や友達といっしょに過ごしながら、園生活の流れや園の中の場所（保育室やトイレなど）を知り、園生活のリズムに慣れていく。 ◇保育者が子どもたち一人ひとりの気持ちを受け止めてくれることがわかり、安心して自分の気持ちを出せるようになる。 
教育	◆保育者やクラスの友達といっしょに遊び、好きな遊びや場所を見つけていくなかで安心して過ごす。 ◆保育者といっしょにうたったり、手遊びをしたりするなど、みんなで集まって過ごすことを楽しむなかで、園やクラスに親しみをもつ。 ◆園庭にある草花や生き物に興味をもって触れたり、遊びに取り入れたりすることで、春の自然を感じながら遊ぶ。 ◆園でみんなで昼食を食べる楽しさを感じる。	◆保育者や友達といっしょに、安心する場所や物を見つけながら、やってみたい遊びや好きなことを見つけていく。 ◆保育者やクラスの友達といっしょに歌、手遊び、踊り、簡単なゲームなどをすることで、クラスで集まることを楽しみ、保育者やクラスの友達に親しみをもつ。 ◆クラスみんなでおやつや昼食を食べることを楽しむ。 
教育活動後の時間	**認定こども園等** ●園での生活の流れを知り、リズムに慣れていく。 ●安心できる人や場所、遊びなどを見つけていくなかで、好きな遊びを見つけていく。 ●園外保育に出かけ、春の自然に触れて、かえるや虫に興味をもち、触れ合う機会をもつ。	●保育者や友達といっしょに遊びながら、好きな遊びを見つけていく。 ●園外保育に出かけ、公園にいるおたまじゃくしやざりがにを捕りに行き、飼育する。 ●園外保育で、地域の人や小学生などと交流をもったり、春の自然やこいのぼりなど、季節の物に触れる。

今月の食育

- 新しい友達や保育者といっしょに、おやつや昼食を食べることを楽しむ。
- おやつや昼食の前に、手洗い、うがいをするように声をかける。

子育て支援・家庭との連携

- クラス懇談会で、子どもたちの姿を具体的に伝える。
- 家庭訪問に行き、子どもたちの家での様子を知りながら、園での子どもたちの様子を話すことで、保護者との信頼関係を築いていく。

今月の保育のねらい

- 保育者や友達といっしょに、好きな場所、物、遊びなどを見つけて安心し、新しい環境や生活に慣れていく。
- 草花や生き物などに触れ、春の自然を感じる。

行事予定

- 始業式
- 入園式
- 家庭訪問
- 誕生会
- 避難訓練

◇…養護面のねらいや活動　◆…教育面のねらいや活動

保育者の援助と環境構成

◇園生活の流れなどをわかりやすく伝えながら、身支度などをともに行う。
◇環境の変化からの不安や緊張など、子どもたちの気持ちを受け止め、子どもが安心して遊べるよう、一人ひとりの姿や思いを大切にし、いっしょに遊び、スキンシップをとって関わるなかで、関係を築いていく。
◇個々の子どもたちの健康に関する情報を確認し、健康状態を把握していく。

◆子どもたちが遊びやすいように、慣れ親しんだ遊びや素材を提供するなど、環境の設定を工夫する。
◆帰りの集まりの時間などにいっしょに歌をうたったり、簡単なゲームをしたりするなどして、クラスでの集まりを楽しめるように工夫する。
◆フリーの保育者や学年の保育者たちとの連携を大切にしながら、子どもたちの様子や遊びの情報を共有し合う。

- 子どもたち一人ひとりが好きな遊びを見つけられるように、じっくりと関わり、その子の興味を引き出す。
- 園外保育先の下見に行き、トイレの場所を確認したり、安全に配慮したりする。
- 園外保育先では、慣れない場所だからこそ、子どもたちの安全に目を配りながら、子どもたちがその場所での遊びや発見を楽しみ、地域の人とも交流をもてるようにする。

保育資料

【うた・リズム遊び】
- おつかいありさん
- ちょうちょう
- ありさんのおはなし

【自然遊び】
- 色水遊び（草花）　・虫探し
- おたまじゃくしとの触れ合い、飼育

【運動遊び】
- かくれんぼ　・だるまさんがころんだ

【表現・造形遊び】
- 絵の具スタンプ
- にじみ絵　・踊り

【絵本】
- おおきくなるっていうことは
- ぐるんぱのようちえん

自己評価の視点

子どもの育ちを捉える視点
- 楽しんで登園していたか。
- 好きな遊びや場所は見つかっていたか。
- 新しいクラスに戸惑い、1人でいる子や不安そうな子はいなかったか。

自らの保育を振り返る視点
- 遊びたくなるような環境づくりや素材の準備、声かけができたか。
- 子どもたちにわかりやすく話せていたか。
- 子どもたち一人ひとりの姿に合わせて配慮できていたか。

4月 週案

	第1週	第2週
ねらい	◇自分の保育室の場所やマークなどを知る。 ◇保育者に親しみをもち、新しいクラスで安心して過ごす。 ◆新しい友達を迎えることを楽しみにする（進級児）。 ◆保育者や友達に親しみを感じて、いっしょに遊ぶ（新入園児）。	◇保育者といっしょに遊び、園やクラスに親しみをもつ。 ◆好きな遊びや好きな場所を見つけて遊ぶ。 ◆園生活の仕方や一日の流れを知り、慣れていく。
活動内容	◇保育室やロッカーの場所、担任の保育者の名前を知り、保育者といっしょに朝の支度をして、生活に慣れていく。 ◇保育者といっしょに遊んだり会話したりすることを楽しむ。 ◆進級してクラスや担任の保育者が替わって戸惑う子どもは、他のクラスも行き来しながら、安心できる居場所をつくっていく。 ◆進級児と新入園児との交流が深まるような遊びが自然に起こり、楽しむ。 ◆みんなで集まって行う活動に参加することを楽しむ。	◇保育者とスキンシップをとることで、安心し、緊張をほぐす。 ◇トイレの場所や使い方を知ったり、手洗い、うがいの仕方を身につけたりする。 ◇園生活のリズムに慣れていく。 ◆保育者や友達と過ごしながら、園生活の流れを知り、慣れていく。 ◆園内の様子を知るために、園内探検をする（遊具の場所や使い方を知ったり、好きな場所を見つけたりする）。
援助と環境構成	●進級した喜びを感じ、新しい友達を迎えることが楽しみになるように工夫する（進級児）。 ●子どもたちが安心できるように、一人ひとりの姿を大切にし、気持ちをくみ取ったり、受け入れをていねいにしたりするなどの配慮をする。 ●新しいマークやロッカー、げた箱などの場所をわかりやすく表示し、子どもたちといっしょに身支度をする。 ●遊びだしやすいように、慣れ親しんだ素材や遊びを提供したり、遊びの場を設定したりする。	●好きな遊びや場所が見つかるように、子どもたち一人ひとりの様子を見て、関わり、いっしょに遊ぶ。 ●スキンシップをとって、一人ひとりとの関わりを大切にし、関係を築いていく。 ●子どもたちといっしょに園内探検をするなど、園の様子がわかるように工夫する。 ●園生活の流れを、わかりやすく伝えていく。

認定こども園等

	第1週	第2週
教育活動後の時間	●担当保育者や、げた箱の場所などの、生活や環境の変化に少しずつ慣れていく。 ●好きな場所や物で安心して遊ぶ。 ●保育者といっしょに園の周辺に散歩に出かけ、つくしやさくらの花など、春の自然を遊びのなかに取り入れる。	●3歳児の子どもたちと交流をもち、いっしょにおやつを食べる。 ●友達や保育者といっしょに好きな物で遊ぶ。
援助と環境構成	●子どもたちが3歳児クラスのときに遊んでいた物などを用意して、遊びだしやすいように環境を設定する。 ●物の配置などが変わるので、わかりやすいように表示をつける。	●保育者が子どもたちの間に入り、友達や保育者と遊ぶ楽しさを感じられるような配慮をする。

◇…養護面のねらいや活動　◆…教育面のねらいや活動

第3週	第4週
◇園でみんなでお弁当や給食を食べる喜びを感じる。 ◆保育者といっしょに歌をうたったり、手遊びをしたり、みんなで集まったりすることを楽しむ。 ◆園庭にある草花や生き物に興味をもったり、触れたりする。	◇自分の好きな場所や遊具などに関わり、安心して遊ぶ。 ◆戸外で遊ぶ楽しさを感じる。 ◆昼食の準備の仕方、食べ方を知る。 ◆初めての誕生会に楽しんで参加する。 
◇おやつやプチおにぎりをみんなで食べることを楽しむ。 ◆保育者といっしょにうたったり、手遊びをしたり、みんなで集まったりすることを楽しむ。 ◆園庭にある草花や生き物に興味をもったり、触れたりする。 ◆保育者に親しみ、歌、手遊び、踊り、簡単なゲームなどを、クラスみんなで楽しむ。 ◆クレヨンやはさみ、のりの使い方を知り、遊びのなかで作ったり、描いたりすることを楽しむ。	◇みんなで昼食を食べることを楽しむ。 ◆だるまさんがころんだやかくれんぼなどをしながら、みんなで遊ぶ楽しさや、戸外で遊ぶ心地よさを感じる。 ◆園庭にある草花を、ままごとに使ったり、ネックレスを作ったり、色水にしたりして、遊びのなかに取り入れて楽しむ。 ◆アスレチックや砂場で遊びながら、いろいろな友達がいることを知る。 ◆誕生会があることを知り、友達の誕生日をお祝いしたり、楽しく参加したりする。
●帰りの集まりでおやつを食べたり、園での昼食が始まる前の時期に、プチおにぎりを持ってきてもらったりして、クラスみんなで食べる楽しさを感じ、昼食が楽しみになるように工夫する。 ●歌をうたったり、簡単なゲームをしたりして、楽しめるようにする。 ●園庭での草花探しや生き物探しなどを通して春の自然を感じられるようにする。 ●クレヨンを個人持ちにし、好きなときに使えるようにする。	●保育者が進んで外に出て遊んだり、楽しい雰囲気をつくったりしていく。 ●誕生会では、お祝いする子もされる子も、みんなが楽しめるように、みんなが参加できるよう内容を工夫する。 ●園内にこいのぼりを飾り、季節を感じられるようにする。こいのぼりに触れたり、作ったりできるようにし、作ったこいのぼりは飾って楽しめるようにする。 ●フリーの保育者や学年の保育者たちとの連携を大切にする。
●保育者といっしょに公園に散歩に出かける。 ●ざりがにやおたまじゃくしに興味をもち、園に持ち帰って、飼育する。 ●砂場などで少しずつダイナミックに遊ぶおもしろさを感じる。	●園内や、園の周辺のこいのぼりを見たり、触れたりすることで、その時期ならではの風習に興味をもつ。 ●好きな遊びを通して、そのおもしろさや楽しさを周りの友達と共有する。
●砂場では、はだしでも遊べるように、安全に注意する。 ●汚れた足を洗えるように、水の入ったたらいや、タオルなどを事前に用意しておく。	●子どもたちが見たり、触ったりできるように、園庭や室内にこいのぼりを飾る。 ●園の周辺のこいのぼりを飾っている場所を下見しておく。

幼稚園の例

4月 日案

4月26日(木)

前日までの子どもの姿	●新しい生活、環境に少しずつ慣れ始め、好きな遊びや場所を見つけて遊ぶ姿がある。 ●保育者を通して友達と遊んだり、周りの友達がしていることが気になり始めたりする姿がある。

ねらい	●誕生会に参加して、5歳になった喜びを感じたり、お祝いする気持ちをもったりする。	主な活動	●誕生会

時間	予想される子どもの活動	保育者の援助	環境構成など
8:45	●登園 ・出席帳やタオルの用意など、朝の支度をする。	・子どもたち一人ひとりの顔を見て、挨拶しながら、健康状態を確認する。	・朝の支度後、子どもたちがスムーズに遊び始められるよう、目に留まりやすい場所に遊びの環境を設定する。 ・前日からの遊びの続きや、遊びだしやすい物などを設定しておく。
9:00	●自由遊び ・室内や屋外など、好きな場所で遊ぶ(砂場、ぶらんこ、三輪車、ままごと、製作遊び)。	・遊びが見つからず不安な子に声をかけ、いっしょにやりたい遊びを見つけて遊ぶ。 ・子どもたちがどの場所で遊んでいるか注意しながら、安全に配慮する。 ・子どもたちがしている遊びを広げられるように、イメージを言い換えたり、遊び方を提案したりして、いっしょに遊ぶ。	保育室 （ロッカー、製作机、廃材コーナー、ままごと、積み木、ピアノ、絵本）
10:05	●片づけ ・遊んだ物や保育室を片づける。	・物の場所を写真や絵で表示したり、伝えたりして、片づける場所をわかりやすくする。	
10:30	●誕生会 ・誕生児たちは前に座り、インタビューを受けたり、お楽しみの出し物に参加したりしながら、友達にお祝いしてもらう。 ・みんなで歌をうたったり、友達のインタビューを聞いたりして、お祝いしながら誕生会に参加する。	・緊張する誕生児たちが安心するような声かけをするなどして、5歳になった喜びを感じられるようにする。 ・誕生児以外の子どもたちも楽しめるように、いっしょに参加する場面を取り入れるなど工夫し、わかりやすく伝えながら、お祝いする雰囲気をつくる。	ホール ステージ、ピアノ、ござ、誕生児、誕生児保護者

時間	予想される子どもの活動	保育者の援助	環境構成など
		・子どもたちと作った紙粘土のケーキなどで、誕生日の雰囲気を感じてもらう。みんなで作った物でお祝いができる喜びを感じられるようにする。	
11:15	●お弁当 ・手洗い、うがいをする。 ・お弁当を食べる場所を決め、準備をする。	・子どもたちがスムーズに自分の席に座れるように配慮し、困っているときは声をかける。 ・支度が早くできた子とは手遊びやクイズなどをして、全員が支度できるのを待てるようにする。 ・残さず食べられるように援助する。	
11:45	●自由遊び ・食べ終わった子どもたちから、おなか休めをしながら遊ぶ（粘土、お絵描き、製作、ままごと）。		・おなか休めをしながら遊べるように環境を設定する。
12:40 13:00	●片づけ ●帰りの集まり、降園準備 ・クラスのみんなで踊りを踊る。 ・絵本を楽しむ。	・3歳児クラスのとき踊った踊りなどを帰りの集まりに取り入れ、クラスの集まりの時間に親しみがもてるよう工夫する。 ・絵本が見やすいように、保育者は椅子に座るなど、絵本の高さや位置を工夫する。 ・食べ物の絵本を読み、園のお弁当の時間が楽しみになるようにする。	
13:45	●降園	・お迎えに来た保護者に子どもを一人ひとり引き渡し、きょうの様子を伝える。	

自己評価の視点

● 誕生児たちが、誕生会を迎えるまでの過程を含め、5歳を迎えた喜びを感じられるよう配慮できたか。
● 誕生児以外の子どもたちが、いっしょに参加する場面をつくることでお祝いする気持ちをもったり、楽しんだりできるよう工夫できていたか。

月案	p44
週案	p46
日案	p48
保育の展開	p58

子どもの姿と保育のポイント

新しい友達との触れ合い

　4月は、保育者や仲よしの友達と遊びを見つけることで、安心できる場所をつくってきた子どもたち。5月になると、新しい友達や遊びに触れていくようになります。友達との関係性も、慣れ親しんだものから一歩踏み出して、おもしろそうなことをしている新しい友達に興味をもち、関わるようになります。保育者もいっしょに遊びに入りながら「楽しい」「おもしろい」という気持ちを育んでいきましょう。

外で遊ぶって気持ちいい！

　気候のよい5月。戸外で遊ぶ気持ちよさを感じながらダイナミックに遊ぶことが増えていきます。友達といっしょに砂場で山を作ったり、水を運んできて川を作ったりすることで、自然に友達と協力して遊ぶようになります。

遊びの環境を工夫

　クラスの集まりの時間には、フルーツバスケットや爆弾ゲームなど、みんなで楽しめるゲームを取り入れ、みんなでいっしょに過ごすことの楽しさが味わえるように配慮します。クラスみんなで遊ぶことで、子ども同士の触れ合いが増え、新しい友達の存在を意識する子も出てくることでしょう。子どもたちが出してくれるアイデアを遊びに取り入れるのもよいですね。クラス全体での遊びを通じて、そのクラスならではの雰囲気がつくられていきます。保育者は、子どもたちの遊びに工夫が生まれたり、友達との遊びが広がったりしていくよう、意識して準備を行いましょう。

　また、保育室の遊びを中心に過ごしていく子が多い一方で、ホールや戸外で遊ぶ機会が増えてくる時期です。保育室以外の環境や遊びも考えながら、子どもたちの様子をしっかり把握していきましょう。

今月の保育ピックアップ

新要領・新指針の視点で

5月

子どもの活動

新しい友達に興味をもち始める

クラスの集まりや遊びのなかで、新しい友達に出会い、いっしょに遊んでみたいという気持ちが大きくなってきます。

保育者の援助

いっしょに楽しむ気持ちを大切に

子どもたちが楽しんでいることを保育者もいっしょに思い切り楽しむことで、子どもたちとの信頼関係を深めていきましょう。

5月のテーマ

友達や保育者と触れ合って、いっしょに遊ぶ楽しさや心地よさを感じる。

子どもの活動

いろいろなゲームを楽しむ

集まりの時間などを利用して、いろいろなゲームをみんなで楽しみます。友達との出会いの場になったり、クラスの雰囲気がつくられていったりと、大事な時間になっていきます。

これもおさえたい！

子どもたちと考える

こどもの日や母の日などをきっかけに、クラスでの活動や製作を行っていきます。「どんなことがしたい？」と子どもたちにも問いかけながら、いっしょに考える時間をもつとよいですね。

43

5月 月案

前月末の子どもの姿
- 新しい環境や1日の流れに慣れ、好きな遊びを見つけて楽しんだり、いろいろなことに挑戦したりする姿が見られる。
- 踊ったり、うたったりすることを楽しむ。
- 草花や生き物に興味をもち、遊びのなかに取り入れる。

	ねらい	子どもの活動内容
養護	◇生活のリズムに慣れ、自分でできることは進んで行っていく。 ◇排泄（はいせつ）や手洗い、うがいなど、生活に必要な習慣を身につけていく。	◇朝の支度など、自分でできることは進んで取り組もうとする。 ◇遊びに夢中になっているなかで、できないときもあるが、排泄や手洗い、うがいなどを意識して行うようになっていく。 ◇身体測定のことを知り、成長を楽しみに取り組む。
教育	◆好きな遊びを見つけて楽しむ。 ◆保育者と触れ合っていっしょに遊ぶ。 ◆いろいろな素材に触れて遊ぶことを楽しむ。 ◆友達といっしょに遊んだり、いろいろなことに挑戦したりする。 ◆新しい友達の存在に気づいて、いっしょに遊ぶ。 ◆保育者に自分の気持ちを伝える。 ◆こいのぼりに興味をもって、見たり触ったりする。 ◆栽培する野菜に、水をやったり観察したりする。 ◆遠足に参加して、親子でいっしょに楽しむ。	◆好きな遊びを見つけて遊ぶことを楽しむ。 ◆こいのぼり製作などから端午の節句に興味をもって、遊びに取り入れていく。 ◆たくさんの素材に触れ、遊びのなかに取り入れて工夫して遊ぶ。 ◆新しい友達に興味をもち、話したりいっしょに遊んだりする。 ◆お母さんやおうちの人への感謝の気持ちや大好きという気持ちを込めながら、母の日のプレゼント作りを楽しむ。 ◆親子遠足では、親子で触れ合い、安心して楽しんで参加する。 ◆砂や水に触れ、水を流したり山を作ったりして、ダイナミックに遊ぶ。 ◆保育者や友達と、踊りや簡単なゲームなどをすることで、楽しさを共有する。 ◆思ったこと、感じたことを保育者に伝える。
教育活動後の時間	**認定こども園等** ●新しい関係性のなかで遊び始めていく。 ●ゆったりとした時間のなかで、やりたいことをじっくりと楽しんでいく。 ●生き物や栽培する野菜など、季節の物に興味をもち、発見したことなどを友達と共有する。	●保育者や友達と密接に関わっていくなかで関係性を広げ、安心して過ごしていく。 ●発見したことややってみたいと思ったことを遊びに取り入れて、自分なりに工夫して遊ぼうとする。 ●少人数で園外保育に出かけるなど、ゆったりとした時間を楽しんでいく。

今月の食育
- 昼食を楽しみながら、食べられてうれしいという気持ちをもつ。
- きゅうりを苗から育てることで、生長を観察したり、水やりしたりできるようにする。

子育て支援・家庭との連携
- 子どもたちが生活に慣れてきたことや、関係性が広がってきたことなど、変化が生まれていることを伝えていく。
- こいのぼり製作や遠足での触れ合いを通して、子どもたちの成長やクラスでの様子を感じてもらう。

今月の保育のねらい

- 友達や保育者と触れ合って、いっしょに遊ぶ楽しさや心地よさを感じる。
- クラスで飼っている生き物に興味をもち、世話をする楽しさや大切に育てようとする気持ちをもつ。

行事予定

- 親子遠足
- 身体測定
- 内科健診
- 歯科検診
- 誕生会
- 避難訓練

◇…養護面のねらいや活動　◆…教育面のねらいや活動

保育者の援助と環境構成

◇身体測定のことをわかりやすく話し、大きくなったことを喜んだり、成長を意識したりできるように配慮する。
◇生活面で意識してほしいことについて子どもたちにていねいに声をかけていく。
◇片づけがしやすい環境なども整えていく。

◆子どもたちといっしょに遊び、信頼関係を深める。
◆友達に興味がもてるように声をかけたり、遊びに誘ったりする。
◆子どもたちの「やってみよう」という気持ちを大切にして、クラスの友達といろいろなことに挑戦できるように援助していく。
◆砂や水、絵の具などでダイナミックに遊んだり、友達といっしょに楽しんだりできるように工夫する。
◆遊びを工夫し、いろいろな子が遊びに入りやすいような環境を整える。
◆思ったこと、感じたことを話せるように、ていねいに関わる。

- 子どもたちが関係性を広げていけるように、友達とのやりとりや、遊びのなかでの出会いを大切にしていく。
- じっくり集中して遊べるように、環境を工夫する。
- 園外保育などの計画を立て、子どもたちがさまざまな経験ができるように考えていく。

保育資料

【うた・リズム遊び】
- こいのぼり　・ピクニック

【自然遊び】
- 砂場遊び　・クローバー探し
- 虫探し　・水遊び

【運動遊び】
- 氷鬼　・大縄跳び

【表現・造形遊び】
- ペープサート作り　・ケーキ作り
- 車作り　・お店やさんごっこ
- 母の日のプレゼント作り　・踊り

【絵本】
- どろんこハリー
- ぐりとぐらのえんそく

自己評価の視点

子どもの育ちを捉える視点

- やりたいことを見つけて、自己発揮していたか。
- 保育者に気持ちを伝えられていたか。
- 友達との関わりはできていたか。

自らの保育を振り返る視点

- 子どもたちといっしょに思い切り遊べたか。
- 遊びの素材などを工夫して出せていたか。
- 他のクラスの保育者やフリーの保育者と、子どもたちのことを話し、意見交換できたか。

5月 週案

	第1週	第2週
ねらい	◇4歳児クラスの生活リズムに慣れていく。 ◇保育者と触れ合っていっしょに遊ぶ。 ◆好きな遊びを見つけて楽しむ。 ◆こいのぼりに興味をもって、見たり触ったりする。	◇親子遠足に参加して、おうちの人といっしょに楽しむ。 ◆いろいろな素材に触れて遊ぶことを楽しむ。 ◆クラスで栽培する野菜に、水をやったり観察したりする。
活動内容	◇友達の名前を覚えて話しかける。 ◆保育室だけでなく、いろいろな場所で遊ぶ楽しさを知る。 ◆虫や草花などの身近な自然に触れ、戸外で遊ぶ心地よさを味わう。 ◆こどもの日のことを知り、自分の成長を喜んだり、昔からの伝統行事に関心をもったりする。 ◆こいのぼり製作などを通して、作ったり飾ったり遊んだりする楽しさを知る。	◇親子遠足では、おうちの人と触れ合い、安心して楽しんで参加する。 ◇歯科検診で歯の大切さを知り、自分たちで歯磨きをやってみようとする。 ◆たくさんの素材に触れ、遊びのなかに取り入れて工夫して遊ぶ。 ◆きゅうりの苗を植え、生長する過程を楽しみにして、生長する不思議さを感じる。 ◆母親やおうちの人への感謝の気持ちや大好きという気持ちを込めて、母の日のプレゼント作りを楽しむ。 ◆身体測定のことを知り、取り組む。
援助と環境構成	●子どもといっしょに遊び、信頼関係を深める。 ●友達に興味がもてるように声をかけたり、遊びに誘ったりする。 ●伝統の行事について、絵本を使ってわかりやすいように話す。 ●絵の具、スタンプ、クレヨンなどを使って、こいのぼりを製作し、作った満足感と飾る喜びを感じられるようにする。	●母の日のことを話し、「大好き」や「ありがとう」の気持ちを込めてプレゼントを作れるようにする。 ●きゅうりの苗をいっしょに植え、水やりができるようにする。 ●親子遠足の下見に行き、安全に配慮して、おうちの人と触れ合い遊びができるようにする。 ●身体測定のことをわかりやすく話し、大きくなったことを喜んだり、意識したりできるように配慮する。 ●歯磨きの大切さをわかりやすく伝え、歯磨きができるように声をかける。

認定こども園等

	第1週	第2週
教育活動後の時間	●新しい出会いを喜び、いっしょに遊ぼうとする。 ●こいのぼりなどを楽しみながら、作った物で遊んだり、園外保育に出かけてさまざまなこどもの日の雰囲気を感じる。	●クラスで育てる物以外に栽培を始めるにあたり、なにを育てるかを考えたり、大切に育てようとしたりする。 ●あさがおの種をまき、芽が出るのを楽しみにする。 ●ゴールデンウィークに出かけた経験を、遊びに取り入れていく。
援助と環境構成	●新しい友達とのつながりを大事にしていけるように、友達と関わろうとする子どもたちの様子をしっかりと把握していく。 ●園外保育に出かけ、こいのぼりを見るなど、こどもの日の雰囲気が感じられる機会をつくっていく。	●子どもたちといっしょに栽培する物を考え、育てられる環境をつくる。 ●子どもたちが経験したことを遊びに取り入れられるように、一人ひとりの思いやアイデアに耳を傾けていく。

◇…養護面のねらいや活動　◆…教育面のねらいや活動

第3週	第4週
◇友達といっしょに遊ぶなかで、できないことに挑戦する。 ◆戸外で鬼ごっこやかくれんぼをして、みんなで遊ぶことを楽しむ。 ◆飼育している生き物の成長や変化を喜ぶ。	◇保育者に自分の気持ちを伝える。 ◇戸外で体を動かして遊ぶ楽しさを味わう。 ◆友達とごっこ遊びをして、いっしょに遊ぶことを楽しむ。 ◆新しい友達の存在に気づいて、いっしょに遊ぶ。
◆戸外で思い切り体を動かして遊び、園外保育でも季節の草花や生き物などに興味をもって楽しむ。 ◆鬼ごっこやかくれんぼをして、友達と遊ぶ楽しさを知る。 ◆おたまじゃくしの成長を喜び、餌を探したり、観察したりする。 ◆砂や水に触れ、山を作ったり、川を作って水を流したりして、ダイナミックに遊ぶ。 ◆保育者や友達と、踊りや簡単なゲームをすることで、楽しさを共有する。	◇思ったこと、感じたことを保育者に伝える。 ◇遊びの片づけや汚れた服の着替えなどを自分でしようとする。 ◆やりたいことを見つけ、積極的に取り組んで楽しむ。 ◆新しい友達に興味をもち、話したりいっしょに遊んだりする。 ◆はさみの使い方を知り、はさみで切ることを楽しむ。
●園外保育の下見に行き、安全に配慮する。 ●おたまじゃくしがかえるになったことをいっしょに喜び、餌を探したり、観察したりできるようにする。 ●クラスの友達といろいろなことに挑戦する姿や、「やってみよう」という気持ちを大切にして援助していく。 ●砂や水、絵の具などをダイナミックに遊べるように工夫したり、友達といっしょに楽しむことができるようにしたりする。	●遊びを工夫し、いろいろな子が入りやすいような環境を整える。 ●思ったこと、感じたことを話せるように、ていねいに関わる。 ●誕生会で使うケーキの装飾や形をいっしょに考え、感触を楽しんで作れるようにする。 ●やりたい遊びが見つけられるように、素材を工夫して準備したり、使いやすいよう整理したりしておく。 ●はさみを個人持ちにし、遊びの幅が広がるよう環境を工夫する。
●戸外で思い切り遊んだり、近くの公園まで出かけたりすることを楽しむ。 ●ざりがに釣りに出かけ、とってきた生き物を大切に育てていこうとする。	●友達との関係性の変化のなかで感じることを、保育者を通して友達に伝えようとする。 ●水遊びや泥遊びを楽しむ。
●園の周辺での小規模な園外保育を企画し、子どもたちの生活に変化を加えていく。 ●生き物に触れて、子どもたちが感じたことを大事にできるようにしていく。	●子どもたちが保育者に伝える気持ちを受け止め、友達とのつながりのきっかけをつくっていく。 ●水や泥に触れて、感触や流れを楽しめるように遊びをつくっていく。

認定こども園の例

5月8日(火)

前日までの子どもの姿	●ゴールデンウィーク明けの生活に慣れ始め、あらためて好きな遊びを見つけていく姿がある。 ●遠足を楽しみにする様子を見せる子がいる。

ねらい	●大好きなお母さんやおうちの人への感謝の気持ちを大事にして、絵を描くことを楽しんでいく。	主な活動	●母の日のプレゼント製作

時間	予想される子どもの活動	保育者の援助	環境構成など
8:45	●登園・自由遊び ・好きな遊びを始めたり、友達と誘い合って遊んだりする。 ・母の日のプレゼントに書くメッセージを保育者といっしょに考えたりする。	・子どもたちと挨拶などの言葉を交わし、子どもたちの遊びだしに関わっていく。 ・母の日のプレゼントに書くメッセージを子どもたちがイメージできるように、話を聞きながらいっしょに考えていく。	・子どもたちが朝の遊びを楽しんで始められるように、いくつかの遊びのコーナーや素材を用意しておく。
10:30	●片づけ ・片づけを行い、保育室に集まる。	・片づけの声かけをしていく。	・片づけの際に、保育室を広く使えるようにしておく。
10:45	●母の日のプレゼント製作 ・クレヨンを持って席につき、活動の内容について保育者の話を聞く。 ・お母さんやおうちの人の大好きなところ、顔の特徴などをイメージしながら絵を描いていく。 ・なかなか絵を描き始められない子がいる。 ・「めがねかけてるよ」「髪が長いんだよ」「笑ってる顔〜」など、特徴を口にしながら描いていく。 ・描き終えた子たちが、お母さんやおうちの人の好きな物を周りに描いていく。 ・描き終わる子が増えてきて、友達同士で絵を見せ合ったり、保育者に絵について説明したりする。	・保育室に集まってきた子どもたちに声をかけ、クレヨンを準備し、席についてもらう。 ・日頃の感謝の気持ちや好きなところをイメージしながら母の日のプレゼントの絵を描けるように、話をしていく。 ・どんどん絵を描いていく子、なかなか描けない子それぞれに声をかけ、どんなイメージをもって描いているのかを聞いて援助していく。 ・描き終わった子どもたちに声をかけ、絵のなかに込められた思いを聞きながら、作品を受け取っていく。	・記名した画用紙を用意しておく。 ・保育室に机を6台出しておき、その周りに椅子を子どもたちといっしょに並べる。 ・棚の上に空けたスペースに、できあがったプレゼントを並べていく。

時間	予想される子どもの活動	保育者の援助	環境構成など
11:00	・絵を描き終えた子たちが、自分の自由画帳を持ってきて好きな絵を描いたり、粘土を持ってきたりして遊ぶ。	・描き終わった子どもたちが引き続き絵を描くことを楽しめるように、自由画帳などを勧める。	
11:15	●片づけ ・全員が絵を描き終え、クレヨンや出してきた自由画帳などの片づけをしていく。	・片づけから、給食準備に移行できるように声をかけていく。 ・給食の準備が進まない子に声をかけていく。	・給食の準備がしやすいように、動線となるところを整理し、配膳の準備をしていく。 ・机を拭く。 ・椅子などでごちゃごちゃして危険なところがないように環境を整えていく。
11:30 11:40	●給食 ・給食の準備を始める。 ・「いただきます」の挨拶をする。 ・給食を食べながら、母の日のプレゼントのこと、メッセージのことなどを話す。 ・まだメッセージを決めていない子が、給食や午後の遊びのなかでメッセージを考える。 ・「ごちそうさま」の挨拶をする。	・子どもたちはプレゼントを作ったことでメッセージも考えたいという気持ちが強くなっているので、メッセージをいっしょに考えていく。	
12:15	●自由遊び ・食べ終わった子から園庭やホールで遊び始める。	・食べ終わった子が遊びだしやすいように、保育室の一角にコーナーを出しておく。	・給食を早く食べ終わって空いた机を使って、子どもたちがじっくり遊べるスペースをつくる。
13:00	●片づけ	・片づけの声かけをしていく。	・机や給食で使った物を片づけ、集まりができるようにしていく。
13:15	●1号認定児降園準備、帰りの集まり	・集まりのなかで、親子遠足でおうちの人にプレゼントを渡すことを話す。	
13:40	●1号認定児降園		
15:00	●2号認定児自由遊び ●2号認定児おやつ ●自由遊び ●2号認定児降園準備		
15:00〜19:30	●順次降園		

自己評価の視点

- ●お母さんやおうちの人のために、ていねいに絵を描くことを、子どもたちが意識して取り組めるよう配慮できていたか。
- ●絵を描くことが苦手な子もいるなかで、一人ひとりへの関わりを大事にできたか。
- ●活動をスムーズに行うための準備、計画はできていたか。

月案	p52
週案	p54
日案	p56
保育の展開	p58

子どもの姿と保育のポイント

● 子ども同士の関係をつなげていく

　保育者との関係ができてきて、少しずつ新しい友達のこともわかってくる時期です。しかし、自分からは関係をつくれずにいる姿も見られます。保育者も、子どもたちの遊びに入り、自分からは遊びに入れない子を誘うなど、援助を行います。子ども同士の関係がつながるよう、いろいろな子と遊ぶ楽しさを伝えていきましょう。

　また、自分の思いが出てくる時期です。慣れ親しんだ友達との間でも、自分の思い通りにいかずにぶつかる場面が出てきます。それぞれの思いを保育者が感じ、互いの思いが相手に伝わるよう配慮しましょう。

● プール活動に向けて、水遊び

　プール活動に向けて準備をします。泥遊びや足湯などから始め、徐々に思い切り水遊びができるようにします。色水遊びや砂場での川作りなどを通じ、水の心地よさを感じられるような環境を整えます。

● 知ろう、触れよう、いろいろな素材

　子どもたちはこれまでの製作遊びなどの経験から、作ることがおもしろいと感じ始めています。子どもたちが自分なりにイメージした物を、工夫して作る気持ちを大切にしたいですね。作った物で遊んだり、友達が作った物を見たりすることで、新たな素材の使い方を知るきっかけにもなります。保育者は、子どもたちが触れる機会の少ない素材を積極的に取り入れ、子どもたちがそのおもしろさを感じながら、物との関わりを深めていけるよう準備しましょう。

　製作に苦手意識をもつ子に対しては、どこを苦手と感じているのかを把握し、その子に合わせた援助を行いましょう。楽しさを感じ、「またやりたい！」と思えるように、保育者がいっしょに作る機会を設けてみるとよいでしょう。

今月の保育ピックアップ

新要領・新指針の視点で

保育者の援助

友達との関係を広げる

友達との関係が広がる一方、互いの思いがぶつかり、トラブルも増える時期。保育者は、それぞれの思いを受け止めながら、子どもたちが相手の思いに気づけるように声をかけていくことが大切です。子ども同士で話し合おうとする気持ちにつながります。

保育者の援助

新しい素材や道具を準備

なじみのない素材や道具に、苦手意識をもつ子は多いもの。子どもたちが挑戦してみようと思えるよう工夫し、「できた！」という達成感が味わえるようにしましょう。

6月のテーマ

遊びを通して友達と新たな関わりをつくる。
さまざまな素材に触れる。

子どもの活動

水遊びで水の心地よさを経験

プール活動の前に、水が楽しい、気持ちよいと思える経験をしていきます。
〈例〉
・さまざまな空き容器を使って水で自由に遊ぶ。
・絵の具で色水を作ったり、絵を描いたりする。
・自分で作った船や金魚を水に浮かべて遊ぶ。

これもおさえたい！

みんなで掘ったじゃがいも、おいしいね

じゃがいもを掘った喜びや食べる楽しさをみんなでいっしょに味わいます。友達が食べている姿を見て、じゃがいもが苦手な子も食べてみようとする姿が見られます。

6月 月案

前月末の子どもの姿

- 新しい環境に慣れ、好きな遊びを楽しむようになる。
- 進級児と新入園児が交ざって遊ぶようになり、友達関係が広がってくる。
- 友達関係が広がってきたぶん、思い通りにならないことでぶつかり合う。

	ねらい	子どもの活動内容
養護	◇身の回りのことを自分でやるなど、生活に必要なことや天候に応じた生活の仕方をしようとする。 ◇休息や水分補給を行うなど、生活リズムを整える。	◇雨の日の過ごし方や衣服の調整の仕方などを知り、自分でやってみようとする。 ◇水分補給など自分でできる体調管理は自分でしようとする。 ◇プールの着替えの仕方や、入り方を身につけていく。 
教育	◆身近な素材を使って遊びながら、友達や保育者といっしょに遊ぶことを楽しむ。 ◆いろいろな素材を通して友達といっしょに工夫して遊ぶ。 ◆夕涼み会に向けて、みんなで踊ることや、七夕の飾りを作ることを楽しむ。 ◆蚕を飼うことで生き物を身近に感じ、育てていくなかで命に触れていく。	◆新聞紙、テープ、色画用紙など、いろいろな素材でイメージした物を作ることを楽しむ。 ◆父の日のことを知り、お父さんやおうちの人への感謝の気持ちを込めて、プレゼントを作る。 ◆じゃがいも掘りを友達といっしょに楽しみ、掘れた喜びを感じる。 ◆掘ったじゃがいもをみんなで食べることを楽しむ。 ◆水遊びで、さまざまな素材を使いながら水に触れることを楽しむ。 ◆夕涼み会の意味を知り、七夕飾りや短冊などを作る。 ◆蚕の食べる物や育て方を調べながら育て、蚕の成長を感じたり、命について知っていく。
教育活動後の時間	**認定こども園等** ●安心できる環境のなかで、少しずつ自分の気持ちを伝えたり表現したりしていけるようにする。 ●クラスで楽しんでいることを、保育者や他のクラスの子といっしょに楽しむことで、新たな楽しみ方を知ったり、いろいろな子と遊ぶおもしろさを感じたりする。	●少しずつ慣れて、安心できる環境や保育者との関係のなかで、自分の好きなことをじっくりとする。 ●クラスとは違う友達と夕涼み会の踊りや製作を楽しんだり、新たな素材に触れたりしながら作る楽しさを感じる。

今月の食育

- 自分で掘ったじゃがいもを食べる喜びを感じる。
- 食べる楽しさを感じつつ、歯磨きの大切さを意識し、取り組む。

子育て支援・家庭との連携

- 保育参観やじゃがいも掘りに参加してもらうことで、子どもたちの園での様子を知ってもらいながらいっしょに楽しめる機会をつくっていく。
- 教育時間外のなかで、小学生にボランティアをしてもらうことで、地域との連携やつながりを大事にしていく。

今月の保育のねらい

- 友達や保育者といっしょに遊ぶ心地よさを感じる。
- 自分の思っていることを、相手に伝えようとする。
- 遊びを通して道具や素材を知り、実際に使ってみようとする。
- クラスで育てている植物や、園庭にある草花の変化に気づき、自然に触れる。

行事予定

- 保育参観
- じゃがいも掘り　●じゃがいもゆで
- 避難訓練
- 誕生会

◇…養護面のねらいや活動　◆…教育面のねらいや活動

保育者の援助と環境構成

◇汗をかいたり衣服が水に濡れたりしたら、自分で着替えられるようにしておく。
◇雨の日でも、体を動かして発散できるような環境を心がける。
◇うがいや手洗い、水分補給の大切さを、絵本などで具体的に知らせていく。

◆好きな遊びを友達といっしょに楽しめるように、素材の出し方や準備を工夫し、必要なものをあらかじめ用意して、使いたいときに使えるようにしておく。
◆友達といっしょにじゃがいも掘りを楽しみ、掘ったいもをゆでて、みんなで食べることを楽しめるようにする。
◆絵の具やペットボトルなど、水遊びを楽しめるような素材を準備し、保育者もいっしょに水遊びができるようにする。
◆七夕のことを絵本や紙芝居などを使ってわかりやすく伝え、はさみやのりを使って飾りや短冊を作れるようにする。
◆蚕の本を部屋に置き、子どもたちと餌をとりに行くなどして、蚕の成長を喜びながら育てていき、人間以外の生き物にも命があることを感じてもらえるようにする。

●クラスで楽しんでいることを延長してできる場をつくっておき、安心できる環境にする。
●どの子でも遊びに入りやすいような物や製作の準備をしておき、保育者もいっしょに楽しむ雰囲気をつくりながら、子どもたち同士が交われる場をつくる。

保育資料

【うた・リズム遊び】
・くじらのとけい　・あめ
・だから雨ふり

【自然遊び】
・色水遊び（草花）　・蚕の飼育

【運動遊び】
・爆弾ゲーム　・だいこんゲーム
・水遊び

【表現・造形遊び】
・粘土　・のりを使った製作　・踊り
・染め（コーヒーフィルター、水性ペン）
・父の日のプレゼント作り
・七夕飾りや短冊作り

【絵本】
・ぞうくんのあめふりさんぽ
・ちいさいモモちゃん3　あめこんこん
・かたつむりののんちゃん

自己評価の視点

子どもの育ちを捉える視点

- いろいろな素材に関わって遊んでいたか。
- 友達との関わりを広げられたか。
- 自分の思いを相手に伝えられたか。

自らの保育を振り返る視点

- ぶつかり合いでは気持ちを受け止めて対応できたか。
- いろいろな素材を工夫して出せたか。
- 保護者に普段の子どもたちの園での様子を伝えながら、交流できたか。

6月 週案

	第1週	第2週
ねらい	◇避難訓練に参加し、自分の身を守ることの大切さを知る。 ◆友達や保育者と触れ合って遊ぶことを楽しむ。 ◆身近な素材や材料を使って遊ぶ。	◇保育参観に参加し、おうちの人といっしょに楽しむ。 ◆自分が興味をもった遊びや活動に取り組む。 ◆いろいろな素材を使い、友達といっしょに工夫して遊ぶ。 ◆砂や土、水などで思い切り遊ぶ。
活動内容	◇避難訓練では、どのように行動すればよいかを保育者といっしょに確認する。 ◆友達や保育者といっしょに、好きな遊びをして楽しむ。 ◆木工や廃材、製作コーナーなど、好きな所でいろいろな素材に触れ、使い方などを知る。 ◆絵の具、泥、水などの感触を楽しみ、思い切り遊ぶ。 ◆のりの使い方を知り、感触や貼ることを楽しむ。	◆父の日のことを知り、お父さんやおうちの人への感謝の気持ちを込めて、プレゼントを作る。 ◇保育参観でおうちの人といっしょに触れ合って遊ぶことを楽しむ。 ◇遊びのなかで濡れたり、汚れたりしても、着替えればよいことがわかり、ダイナミックに遊ぶ。 ◆新聞紙、クラフトテープ、色画用紙など、いろいろな素材でイメージした物を作ることを楽しむ。
援助と環境構成	●好きな遊びを友達といっしょに楽しめるように、素材の出し方、準備などを工夫する。 ●製作コーナーでは、保育者がいっしょに楽しみながら、新しい素材の使い方を伝えていく。 ●絵の具、泥、水などの感触を楽しめるように、保育者もはだしになっていっしょに遊ぶ。 ●のりの使い方をわかりやすく伝え、感触や貼ることを楽しめるようにする。	●いろいろな素材で楽しむ姿があるので、必要な物を用意し、使いたいときに使えるようにする。 ●父の日のことをわかりやすく伝え、お父さんやおうちの人のことや喜ぶ物を想像しながら、感謝の気持ちを込めてプレゼントを作れるようにする。 ●保育参観では、いろいろなコーナーを用意し、子どもたちが保護者といっしょに楽しめるようにする。

認定こども園等

	第1週	第2週
教育活動後の時間	●自分の好きな遊びや、いろいろな遊びをするなかで、出会った子のことを知っていく。保育者ともいっしょに遊んで楽しむ。	●保育者に保育参観で出す予定の遊びのコーナーを出してもらって遊び、当日を楽しみにする。
援助と環境構成	●なかなか遊びだせない子でも作って遊べるような製作遊びを準備しておく。	●クラスで楽しんでいた活動や、自由遊びでしていた遊びを引き続きできるように設定しておく。

◇…養護面のねらいや活動　◆…教育面のねらいや活動

第3週	第4週
◇天候に応じた生活の仕方を知る。 ◆梅雨時ならではの遊びを楽しむ。 ◆保育参観で遊んだ遊びを引き続き遊んだり、友達といっしょに関わって遊ぶ楽しさを味わったりする。	◆プール活動や水遊びを友達といっしょに楽しむ。 ◆七夕を祝う夕涼み会に向けて、みんなで踊ることや、七夕の飾りや短冊を作ることを楽しむ。 ◆友達と関わって遊ぶ楽しさを味わう。
◆身近な素材や遊具を使って友達と関わって遊ぶ。 ◆季節を感じたり、飼育している生き物に興味や関心をもったりする。 ◆雨の日ならではの遊びを見つける。 ◆じゃがいもの畑まで歩いて行き、友達といっしょにじゃがいも掘りを楽しみ、掘れた喜びを感じる。 	◇プール活動での着替えや安全な入り方などができるようにする。 ◆プールや水遊びで、水に触れることを楽しむ。 ◆七夕の意味を知り、七夕の飾りや短冊を作ることを楽しむ。 ◆栽培している植物の生長に興味や関心をもち、世話をしたり、収穫を楽しみにしたりする。 
●保育参観で楽しんだ遊びが引き続きできるように、素材などを準備しておく。 ●友達といっしょにじゃがいも掘りや掘ったいもをゆでて、食べることを楽しめるようにする。 ●雨の日の遊びや、季節を感じる絵本や図鑑、歌などを保育室に準備する。	●保育者もいっしょにプールに入り、ペットボトルやシャンプーの空き容器、水鉄砲などを使って水遊びを楽しめるようにする。 ●七夕のことを絵本を使ってわかりやすく伝え、はさみやのりを使って、七夕の飾りや短冊を作れるようにする。 ●プールに入る準備体操に夕涼み会での踊りを取り入れるなど、季節の変化とともに、行事を楽しみにできるよう配慮する。
●自分の傘やかっぱを作って外に遊びに行ったり、雨水を使って製作をしたりしながら、梅雨の季節を楽しむ。 ●掘ってきたじゃがいもを使って、保育者や友達といっしょにおやつを作って食べる。	●砂場で水を使ってダイナミックに遊んだり、たらいにお湯をためて足湯に入ったりしながら、その子に合った水遊びを楽しむ。 
●梅雨を楽しめるように、雨具を身近な素材で作れるように設定しておいたり、雨水を使って遊べそうな素材を出しておく。 ●季節ならではの草花や生き物を調べられるように、関連した絵本や図鑑を保育室に置いておく。	●すぐに水遊びができるように、遊ぶ物やタオルを準備しておく。 ●子どもたちが自分で素材を使いながら水遊びができるように、カップやカラーポリ袋など使えそうな素材を出しておく。

幼稚園の例

6月26日(火)

前日までの子どもの姿	●折り紙コーナーでは、リボンなど自分たちが知っている物を作る子がいる。 ●折り紙の経験が少ない子は、作る前にはあまり触れようとしない。

ねらい	●あまり経験がなかった子も、折り紙を通じて、作れた喜びを感じられるようにする。	主な活動	●紙を折り、画用紙を貼って、七夕のささ飾りに付ける織姫と彦星の人形を作る。

時間	予想される子どもの活動	保育者の援助	環境構成など
8:45	●登園 ・身の回りの支度をする。 ●自由遊び ・室内や園庭で好きな遊びをする。	・登園してきた子どもたちに挨拶しながら、健康状態を確認する。 ・子どもたちといっしょに遊びながら、必要に応じて援助していく。	
10:15	●片づけ	・片づけの声かけをする。	
10:30	●七夕飾り製作 ・紙芝居を見て、保育者に織姫と彦星のことや夕涼み会のことを聞いてくる子がいる。 ・保育者の周りに集まり、七夕の話を聞く。 ・人形を作ろうとする子もいれば、作れるか不安そうにする子もいる。 ・のりとクレヨンを持ち、それぞれ席に座る。 ・正方形の紙をもらい、保育者の折る姿をまねして人形を折っていく。 ・折り方がわからず、どうしたらよいかわからなくなっている子がいる。 ・のりの使い方を確認して塗る。	・七夕の紙芝居を読む。 ・七夕や夕涼み会の話をし、織姫と彦星が会えることも話したうえで、「空からみんなのことを見ている2人が寂しくならないように人形を作ってあげよう」と声をかける。 ・人形を作るのに必要な物（のり、クレヨン）を伝え、席に座るように声をかける。 ・1人ずつ正方形の紙を配布する。 ・保育者は大きな紙を使って、全員が見える場所で、工程を1つずつ確認しながらいっしょに作っていく。 ・わからなくなっている子の所へ行き、いっしょに作ったり、周りに作れている子がいたら教えてあげてと声をかけたりして、援助する。 ・のりの使い方を伝える。	・紙芝居を用意する。 ・正方形の紙を人数分用意する。 ・人形の顔にするための画用紙（四角、丸、三角など）やモールを準備しておく。 ・各テーブルに手拭きを用意する。 ・個人持ちののりとクレヨンがあるか確認しておく。 ・テーブルに画用紙を形ごとに分けて置いておく。 ・個人持ちのはさみを準備しておく。 ・髪の毛などを色画用紙で作れるように、色画用紙を準備しておく。

時間	予想される子どもの活動	保育者の援助	環境構成など
	・人形の体が作れた子から、好きな形の画用紙を取りに行き顔を作る。 ・自分で好きな形を作りたい子は、はさみを持ってきて画用紙を切って作る。 ・クレヨンで顔や体の模様を描く。 ・顔がうまく描けず、手が止まってしまう子もいる。 ・完成した子から、モールを付けてささに飾る。 ・もう1つ作りたいと思い、2個目の人形を作る子がいる。	・体が完成したら、画用紙を使って顔を作ることを伝える。 ・いろいろな顔の形があることや、自分のはさみを使って顔を作ってもよいことを伝える。 ・絵を描くことが苦手な子がいたら、描きやすい体の模様から描いたり、友達からヒントをもらえたりするよう援助していく。 ・2個目も作れるように素材を準備しておく。 ・時間があれば、完成した織姫と彦星の人形をみんなで見せ合って、紹介する。	・クラスのささを子どもたちが飾りやすいように倒して置いておく。 ・製作が終わったあとも、遊びのなかで製作ができるように素材を出しておく。
11:15	●お弁当 ・手洗い、うがいをし、準備する。 ・「いただきます」の挨拶をする。 ・「ごちそうさま」の挨拶をする。	・お弁当の準備が進まない子に声をかける。	
11:45	●自由遊び ・食べ終えた子から室内や園庭で遊ぶ。	・食べ終えた子から遊べるよう、保育室に遊びのコーナーを用意する。	
12:40	●片づけ	・片づけの声かけをする。	
13:00	●降園準備、帰りの集まり ・「さようなら」の挨拶をする。		
13:45	●降園	・あしたも楽しい気持ちで登園できるよう、一人ひとりに声をかけながら、お迎えにきた保護者に子どもを引き渡す。	

自己評価の視点

●子どもたちが人形を作りたくなるような導入ができたか。
●紙を折ることやのりを使うおもしろさを感じ、子どもたちが自分なりの織姫や彦星を作ることができたか。
●苦手だと感じている子に対しても、やりたくなるように声をかけ、できたときにいっしょに達成感を感じられたか。

4・5・6月 保育の展開

新たな出会いと生活を楽しいものに！

新しい出会い（担任、クラス、友達）にドキドキとわくわくの両方を感じる子どもたち。
新たな出会いのドキドキが楽しみになるように関わりましょう！

🌸 知らないことだらけの新入園児

　新入園児にとっては、初めての園生活です。入園式以降の園生活の様子や園内の場所など、わからないことがたくさんあります。園内探検を遊びに取り入れ、園の知らなかった所を知ったり、好きな場所を見つけたりできるようにするとよいでしょう。
　また、家庭でなじみのある遊びや素材などを園でも取り入れることで、入園したての子どもたちも、安心して遊びだせるような環境づくりをしていきます。

🌸 ドキドキわくわくの進級児

　進級児も、新しい出会いにドキドキわくわくしています。まずは、担任の保育者がスキンシップをとったり、いっしょに遊んだりすることで、子どもたちにとって安心できる存在になりましょう。子どもたちは担任の保育者を通して、周りに目を向けていくようになります。新しい出会いをつなげていけるよう関わりましょう。

🌸 お兄さんやお姉さんになったことがうれしい

　登園時に子どもたちが、3歳児クラスの子どもたちを保育室まで連れて行ってあげたり、泣いている子をなでてあげたりする姿が見られます。小さい子たちに優しくすることで、自分たちが4歳児クラスのお兄さんやお姉さんになったことを実感していきます。お手伝いの機会や3歳児の子どもたちとの関わりも大切にしたいですね。

アイデアを形に！ こいのぼり製作

こいのぼりやよろいかぶとの飾りを見るなど、街中でも雰囲気を感じられるこどもの日。クラス活動のなかでも、こいのぼり製作でこどもの日を楽しみましょう。

クラスのこいのぼりを作ろう！

　こいのぼりを見るだけではなく、実際に触れられるようにしてみましょう。こいのぼりに触ったり中を通ったりして、自分が感じたことをクラスのみんなと共有しながら、どんなこいのぼりを作っていくかを考えます。子どもたちが感じたことを認め、そのなかから出てきたアイデアを生かして、クラスのこいのぼりを作ります。

　子どもたちの思いや発想を形にできるよう、絵の具や布、大きな模造紙など、さまざまな素材を準備します。一人ひとりがこいのぼりに関わっていく様子をしっかりと把握しながら、「みんなで作ったこいのぼり」を楽しみましょう。

子どもたちのアイデアいろいろ

●こいのぼりを泳がせたい！
　ビニールや紙で作ったこいのぼりを戸外で泳がせてみましょう。自分で作ったこいのぼりを持って園庭に出たり、近くの公園にでかけて思い切り走ったりすることも楽しめます。

●いろいろなこいのぼり
　クラスの大きなこいのぼりが完成したあとには、赤ちゃんこいのぼりを作ったり、絵に描いたり、画用紙を貼り合わせて長いこいのぼりを作ったりと、個性的な楽しみ方が見られます。

●よろいかぶとってかっこいい！
　新聞紙や箱を使って、自分なりのかぶとやよろいを作る子もいます。武器も作って戦いごっこをしたり、クラスで紹介してみんなにも教えたりしたいという思いを聞くこともできます。

4・5・6月 保育の展開

子どもの様子を知ってもらう保育参観

大好きな保護者が園に来る！　園内がいつもと違う雰囲気になります。
子どもたちの姿を予測し、子どもも保護者も楽しめる活動を考えましょう。

● 保育参観で予想される子どもの姿
- 普段過ごしている園で、保護者と遊ぶことができるのを楽しみにしている。
- 家族へのプレゼントを渡すので、当日に向けてわくわくしながら準備している。
- いつもと違う雰囲気に圧倒されている子もいる。

● 保育者の援助
- 子どもたちがお気に入りの場所で思い切り遊べるように、保護者にも子どもたちが好きな場所を知ってもらう。
- 保護者といっしょだからこそ楽しさを味わえる活動を準備する。
- 自分たちで考えたプレゼントを、感謝の気持ちを込めて渡せるようにする。

❀ 園での子どもの様子を知ってもらおう！

　普段は、職員以外の大人はいない園ですが、この日は特別です。子どもたちが保護者といっしょに遊ぶことができます。子どもたちは、自分の方が詳しい園の中で保護者と遊びながら、好きな場所や好きなことを伝えていきます。保護者には、「こんなふうに遊んでいるんだ」「こんなことができるようになったんだ」などと、わが子の園での様子を知る機会にしてもらいましょう。

❀ 保護者といっしょだからこそ、楽しめる＆挑戦できる機会をつくる

　さまざまなコーナー遊びを考えます。子どもだけでは難しいと感じることを、保護者と力を合わせたからできたと思えるような活動を取り入れたいですね。
　製作などにいっしょに取り組むことで、子どもたちがおうちの人に対して「すごい！」と感じたり、できてうれしい気持ちを親子で共有できたりします。いっしょだからこそ発見できたおもしろさや、難しそうだけどやってみようと思える気持ちを大事にしましょう。

保護者とじっくり過ごす時間をつくる

コーナー遊び以外にも、保護者と触れ合える時間を重視して、活動内容を決めていきます。

●踊り
　保育者やクラスの友達としている踊りをするときは、普段のクラスらしさ、その子らしさが出るようなものにしたいですね。保護者にもいっしょに踊ってもらうとよいでしょう。子どもたちがうれしい気持ちになるのはもちろん、参観が終わってからも、家庭でいっしょに楽しむきっかけになります。

●触れ合い遊び
　大好きな保護者と手や顔を合わせたり、保護者の足の間をくぐったり、たくさん触れ合う時間をつくります。うれしい気持ちになり、自然と笑顔が出てきます。何気ない場面で子どもの成長を感じられるかもしれません。

●親子リレーなどのゲーム
　保護者と力を合わせるゲームは、とても盛り上がります。保護者と過ごす楽しさを改めて感じたり、力を合わせるおもしろさを感じたりできます。子どもたちが保護者と相談したり、わくわくしながらいっしょにゴールしたりと、喜びを分かち合えるような時間にしていきます。

保育参観のあとで

　保護者と作った物を次の日からは子どもたちだけで作れるように、素材や製作コーナーを準備しておきます。子ども同士で思い出しながらいっしょに遊び始めるきっかけとなるでしょう。

● 保育参観の前に〜家族へのプレゼント〜

　保育参観で、家族へのプレゼントを保護者に渡します。どんな物を作りたいか、どんなふうに感謝の気持ちを伝えたら喜ぶかなど、アイデアを出し合って決めると、子どもたちが納得のいくプレゼントを作れるでしょう。
　材料は、身近な素材や子どもたちに触れてみてほしい素材を合わせながら、発想が膨らむように用意していきます。

4・5・6月 保育の展開

みんなで楽しむ誕生会

誕生児が輝き、クラスのみんなで参加できる誕生会になるようにしましょう。

🌼 祝ってもらう誕生会は、1年に1度！誕生児がより楽しみになる工夫

●冠
誕生会で誕生児がかぶる冠を作ります。クラス全員で作ったり、有志で作ったり、その時により異なりますが、プレゼントのように思いを込めて作ります。

●手形
手形をとって、去年の手形との違いを見つけて成長を喜びます。また、自分なりにこだわって色を選んだりした手形をみんなに披露できることもうれしいですね。

🌼 誕生児が主役になれる場を！

劇のような「お楽しみ」の要素を取り入れ、そのなかで誕生児が得意なことや好きなことを披露して、みんなに見てもらいましょう。誕生児が輝ける場、主役になれる場になります。この経験を通じて、5歳児になったことを喜び、自信にもつなげていけるようにしましょう。

🌼 お祝いする側も「参加する誕生会」！

誕生児以外の子どもたちが、心を込めて誕生児をお祝いし、いっしょに誕生会に参加して楽しめるようにします。

●誕生会の前に
誕生児の冠をいっしょにつくることで、友達が喜んでくれることを実感できます。

●誕生児以外の子が参加できる場面をつくる
会の途中にも、誕生児に歌をプレゼントしたり、色紙の手形の色のクイズに答えたりするなど、誕生児以外の子が参加できることを取り入れます。

●クラスみんなで参加する場面をつくる
全員で踊ったり、うたったりする場面をつくります。

飼育 生き物が教えてくれること

生き物を飼うことで、子どもたちは多くのことを学びます。
子どもたちの気づきや思いに共感してあげましょう。

4・5・6月 保育の展開

🌸 生き物を飼うことがおすすめなわけ

生き物を飼うことは、子どもたちがさまざまなことを考えるきっかけになります。探究心や感じる力など、さまざまな気持ちや力が育っていきます。虫や動物を飼育することで、人間以外の生き物も自分たちと同じように「生きている」ということを感じてほしいですね。

🌸 まずは興味を引き出そう

●身近な生き物
　園庭にはさまざまな虫がいます。保育者といっしょにその様子を見たり触ったりすることで、子どもたちが生き物を身近に感じられるようにしましょう。子どもたちの興味に合わせて、虫を調べるための絵本や図鑑を探しにいったり、保育室に置いたりして、さらに興味が深まるようにしましょう。

●園で飼育している動物
　園で生き物を飼っている場合（金魚、亀、にわとり、うさぎ、ポニーなど）、餌やりや掃除を保育者といっしょに積極的に行うことで、その生き物に対する愛着や、大切にしようとする気持ちがもてるようになっていきます。

🌸 生き物を飼ってみよう！

●たくさんのことを学ぶ
　興味をもつなかで「飼いたい！」という気持ちもきっと出てくるはずです。大好きだからこそ、なにを食べるのか、どういった環境がよいのかなど、子どもたちなりに調べたり、その生き物の気持ちになってみたりして、たくさんのことを考え、学びます。本から得た知識だけではなく、実際の生き物の成長の変化を見て、多くの気づきを得ていきます。

●生き物には命があり、死がある
　虫捕りも、ただ捕まえるだけではなく、その命をどうするかを子どもたちと考えていきましょう。生き物の死と出合うときもあるはずです。子どもたちが感じた思いを、保育者はしっかりと受け止めましょう。

4・5・6月　保育の展開

健康　連休明けの生活リズム

連休明けは生活のリズムが崩れやすくなっています。
連休明けの子どもたちの姿を予測し、必要な援助ができるよう準備していきましょう。

● 連休明けに予想される子どもたちの姿
- 入園時や進級時のような不安な気持ちになっている。
- クラスで連休前のように生活できるかドキドキしている。
- 保護者と離れる寂しさがある。

● 保育者の援助
- 保育者や友達とゆったり話ができる雰囲気をつくる。
- 連休前を思い出せるような環境をつくっておく（遊びたくなる環境をつくる）。
- 落ち着いて過ごせる空間をつくる。

子どもたちと連休中の話をする

　連休中の楽しかった思い出などを保育者や友達と話しているうちに、子どもたちは園の雰囲気を思い出していきます。話の内容が遊びにつながることも多いので、その時間を大切にしましょう。
　保護者から連絡帳などで連休中の様子を教えてもらうのもよいでしょう。園での子どもたちの様子も伝え、家庭と連携を取っていきます。

連休前を思い出せるような環境や遊びやすい環境をつくる

　連休前にクラスで楽しんでいた遊びや製作を準備しておくと、久しぶりに登園しても、「これで遊んでた！」「また続きをやりたい！」という気持ちが出てきやすくなります。
　また、連休前の子どもの姿を思い出し、遊びやすい物や作りやすい物を準備しておくことが大切です。久しぶりの登園で緊張している子も、きっかけがあると自分から遊びだしやすくなります。保育者がそのきっかけをつくっていきましょう。

落ち着ける空間や好きな場所の準備

　連休明けは、登園してすぐに遊びだすのが難しい子もいます。自分のやりたいことを、少し気持ちを落ち着かせてから見つけられる環境をつくりましょう。室内だけでなく、戸外では植物や動物にも触れられるため、子どもたちが自由に選べるよう準備しておきます。

災害から命を守る避難訓練

いつ発生するかわからない災害。
避難するときの約束事を子どもたちにしっかりと伝え、災害に備えます。

非常ベルが鳴ったら、どうする？

まず、「非常ベルが鳴る＝危険」ということを伝え、非常ベルが鳴ったらすぐに保育者の所に集まるということを知らせていきます。このとき、1人で逃げると危ない理由もあわせて伝えると、保育者の所に行くことで安全に逃げられるということを、子どもたちが理解しやすいでしょう。

避難の仕方

避難の仕方は、災害の状況によって異なります。状況に合った避難がすぐにできるよう、子どもたちに避難の仕方をわかりやすく伝えることが大切です。

避難訓練で子どもたちに避難の仕方を説明するときには、なぜそうやって避難しなくてはならないのかを伝えます。そうすることで、自分の身を守るために大事なことなのだと実感できるでしょう。

実際に避難訓練をする機会をつくろう！

日頃から避難の練習をする機会をつくりましょう。実際に災害が起きたときに、落ち着いて避難ができるようになります。

子どもたちに伝えたい避難訓練の約束事

●非常ベルが鳴ったら

近くの保育者の所に集まる。

●地震のとき　　　　●火事のとき

頭をおさえて、ダンゴムシのポーズをとる（上から物が落ちてきたときに頭を守るため）。

煙を吸わないように口と鼻を覆う。

●避難のとき

防災ずきんをかぶり、頭や首を守る。

上履きを履き、足を守る。

●避難するときの約束「お・か・し・も」
お…押さない
か…かけない※
し…しゃべらない
も…もどらない

※「か」を「走らない」の「は」とする地域もあります。

月案	p68
週案	p70
日案	p72
保育の展開	p82

子どもの姿と保育のポイント

さらに広がる友達との関係

好きな遊びを通して新しい友達と出会ったり、クラスでの活動を通して友達のことを身近に感じたりするようになる7月。新しい友達と遊びたい気持ちが強まり、誘われていっしょに遊ぶ姿も増えていきます。

すいか割りや夕涼み会などの園行事では、「クラスの友達といっしょにやるからこそ楽しい」「みんなで力を合わせよう！」など、少しずつクラスで団結する姿が出てきます。プール活動など、この時期ならではの活動を通して、クラスみんなでいっしょに遊ぶ楽しさを、十分に味わえるようにしたいですね。

友達と思いを伝え合おう

友達との関係が広がり、大好きな友達ができた喜びを感じる反面、自分の思いを相手にうまく伝えられずに悩んだり、思いが伝わらず葛藤したりする姿も見られます。保育者はその姿に気づき、その子の思いを聞き、間に入って相手に思いを伝えられるように援助しましょう。また、ただ伝えられるようにするだけでなく、相手の子の思いも聞き、相手にも思いがあることを伝えます。そのうえでどうするとよいか、子どもたちといっしょに考えていきましょう。

身の回りのことを自分でやってみよう！

プール活動や水遊びなどの際、子どもたちは早く遊びたい気持ちから、着替えなども自らやろうとすることが多くなってきます。保育者は、子どもたちの自分でやりたいという気持ちやその姿を認め、大切にしながら援助したり、子どもたちの気持ちがさらに前向きになるように関わったりしましょう。

今月の保育ピックアップ

新要領・新指針の視点で

子どもの活動

クラスみんなで楽しみたい！

すいか割り、夕涼み会、プール活動など、クラス全体で楽しめる活動が多い7月。「みんなでいっしょにすることが楽しい、うれしい」という気持ちを感じ、味わっていきます。

保育者の援助

自分でやりたい気持ちを大切に

着替えなど、身の回りのことが自分でできたときには、「できた！」という気持ちを認め、達成感が得られるよう援助します。保護者と連携し、家庭でも身の回りのことを自分でやろうとする気持ちを大切にしてもらいましょう。

7月のテーマ

自分の思いを相手に伝え、相手にも思いがあることを意識し、遊びや関係を広げる。

子どもの活動

友達に思いを伝えよう

「この子と遊びたい」「いろいろな友達と遊びたい」という気持ちが強まる時期。そのなかで、自分の思いが相手に伝わらず、悩む場面も…。保育者の援助を受けながら、言葉で相手に気持ちを伝えられるようになっていきます。

保育者の援助

友達にも思いがある！

自分の思いを相手に伝えられるようにするだけではなく、相手にも思いがあることも伝えましょう。そのうえで、遊びやトラブル（けんか）のなかでどうしていくか、保育者もいっしょに考えていきます。

7月 月案

前月末の子どもの姿

- 仲のよい友達と過ごすなかで、仲間意識が芽生えてくる。
- 遊びのなかに入るとき、「入れて」と言うのをためらったり、入れてもらえなくて保育者に訴えてきたりする子どもが見られる。
- 衣服の着脱や物の管理を自分でしようとする。

	ねらい	子どもの活動内容
養護	◇夏の生活の仕方を知り、健康、安全に過ごす。 ◇安心できる環境のなかで、思い切り遊ぶ開放感を味わう。	◇水分補給や帽子の着用など、自分でできる健康管理をしようとする。 ◇日陰や涼しい場所を探すなど、自分たちで気持ちのよい場所を選んで遊ぶ。 ◇水遊びやプール活動の支度や後始末など、自分でできることは自分でやろうとする。
教育	◆友達といっしょに遊ぶなかで、自分の思いを伝えたり、相手の思いに気づいたりしていく。 ◆水遊びやプール活動を通して、着替えや水分補給など身の回りのことに自ら取り組もうとする。 ◆七夕、夕涼み会、すいか割りなど、この時期ならではの行事や遊びを友達や保育者といっしょに楽しむ。 ◆すいか割りを通して、近隣の保育園の子や小学生との交流を楽しむ。	◆プール活動や水遊びで、いろいろな素材を使って友達といっしょに遊ぶ。 ◆七夕の話を知り、歌をうたったり、盆踊りをしたりすることで、この時期ならではの行事や遊びに触れる。 ◆友達といっしょにすいか割りを楽しんだり、応援したり、近隣の保育園の子どもたちや小学生との交流を楽しむ。 ◆クラスで育てていた夏野菜の収穫を喜び、育てた野菜を食べることで食べ物への興味、関心を深める。 
教育活動後の時間	**認定こども園等** ●夏の園での生活の流れに慣れていくなかで、好きなこと、楽しいことを見つけ、安心して過ごす。 ●友達といっしょに水遊びやプール活動を楽しむなど、体を動かしてダイナミックに遊ぶ一方で、体を休めながらゆっくりと遊ぶ時間ももつ。	●夏の園での登園方法や生活の流れに慣れ、安心して遊ぶ。 ●プール活動や水遊びのなかで、船や魚作りなど、自分たちで作った物を使って遊ぶ。 ●自分たちで育てた草花を使い、色水遊びや染めなどを楽しむ。

今月の食育

- すいか割りを楽しみ、みんなですいかを食べる。
- 育てた野菜を簡単に調理して食べることで、野菜に親しみをもつ。

子育て支援・家庭との連携

- 保護者懇談会の場で、1学期の子どもたちの姿を振り返りながら、夏休みの過ごし方を伝える。
- 夕涼み会では、保護者に協力してもらいながら会を開き、子どもたちといっしょに楽しんでもらう。
- 夕涼み会を地域に開放する。

今月の保育のねらい

- 友達と関わるなかで、自分の思っていることを相手に伝える。相手にも思いがあることを意識し、遊びや関係性を広げていく楽しさを感じる。
- 友達といっしょにプール活動や水遊びに取り組むなかで、この時期ならではの活動に参加する心地よさを感じる。

行事予定

- 夕涼み会
- 誕生会
- 保護者懇談会
- 納めの会
- すいか割り
- ささ燃やし
- 避難訓練

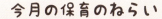 ◇…養護面のねらいや活動　◆…教育面のねらいや活動

保育者の援助と環境構成

◇日陰など、涼しく遊べるような場所をつくる。
◇体が疲れているときに、体を休められるような環境を設定しておく。
◇夏に感染しやすい病気については、早期に発見して、対処できるようにする。
◇プールに入れるかどうかの確認を確実に行い、入れない子への対応も考えておく。

◆プール活動、水遊びでは、さまざまな素材を楽しめるように準備する。プールに入れない子には、たらいを用意して涼めるようにするなどの工夫をする。
◆七夕の絵本や紙芝居を読むなど、七夕のことをわかりやすく伝える。
◆すいか割りを楽しめるよう、安全面や衛生面に十分に配慮して準備する。
◆友達に自分の気持ちを伝えられるように援助したり、友達の気持ちもいっしょに考えられるように子どもたちと関わる。
◆栽培物を子どもたちといっしょに収穫し、育てた物が生長する喜びを感じる。
◆1学期に楽しんできた遊びやゲームを存分に楽しみ、楽しい雰囲気で1学期を締めくくるようにする。

- 夏の預かり保育になり、生活のリズムや保育者が変わることなどで、子どもたちが不安にならず引き続き安心して過ごせるように、配慮する。
- 水遊びやプール活動でダイナミックに遊ぶことによって、長時間の保育のなかで疲れが出やすくなるので、ゆっくり遊べるコーナーを提供するなど、体を休めながら遊べるようにする。

保育資料

【うた・リズム遊び】
- たなばたさま　・とんでったバナナ
- 南の島のハメハメハ大王
- アイ・アイ

【自然遊び】
- 虫（せみ）捕り
- 栽培物を使った遊び（草花をすり潰す色水遊び）

【運動遊び】
- 水遊び　・プール活動

【表現・造形遊び】
- はじき絵　・染め紙（和紙）
- ボディペインティング　・盆踊り

【絵本】
- すいかのたね（ばばばあちゃんシリーズ）
- わんぱくだんのおばけやしき

自己評価の視点

子どもの育ちを捉える視点
- 友達に自分の気持ちを伝えられたか。
- やりたい遊びを楽しめていたか。
- 友達と関わって遊べていたか。

自らの保育を振り返る視点
- 遊びやすいような素材の出し方をしていたか。
- 子どもたちの姿や成長、課題などを、保護者に伝えられたか。
- 友達の気持ちがわかるようにいっしょに考えられたか。

7月 週案

	第1週	第2週
ねらい	◆仲のよい友達といっしょに遊んだり、言葉で自分の思いを表現したりする。 ◆保育者や友達といっしょにプール活動や水遊びをして楽しむ。 ◆七夕について興味、関心をもち、夕涼み会を楽しみにする。	◆友達に対して、言葉で自分の思いを伝える。 ◆友達といっしょにすいか割りを楽しみ、小学生のお兄さん、お姉さんとの交流も楽しむ。 ◆戸外で体を動かしたり、水遊びをしたりして楽しむ。
活動内容	◆やりたい遊びに自分から進んで取り組み、友達とやりとりをしながら遊びを楽しむ。 ◆プール活動や水遊びで、いろいろな素材を使って友達といっしょに遊ぶ（ペットボトル、ボール、ソフトマット、ソフト積み木、水鉄砲）。 ◆七夕について知り、歌をうたったり、夕涼み会の盆踊りを友達と踊ったりしながら、この時期ならではの行事を楽しむ。	◆友達といっしょに遊ぶなかで、友達に自分の思いを話したり、相手にも思いがあることに気づいたりする。 ◆友達といっしょにすいか割りを楽しんだり、友達を応援したり、小学生のお兄さん、お姉さんの話を聞いたりしながら交流を楽しむ。 ◆水遊びのなかで新しい素材に興味をもち、自分の遊びに取り入れていく。 ◆栽培していたきゅうりを収穫し、みんなで食べることを楽しみ、食に対する興味、関心を高める。
援助と環境構成	●子どもたちが遊びに入りやすいような場をつくったり、遊びが発展していくような素材の出し方、準備などを工夫したりする。 ●プール活動、水遊びでは、いろいろな素材を楽しめるようにする。 ●プールに入れない子には、水の入ったたらいを用意して涼めるようにしたり、服を着たままでも水遊びを楽しめるよう工夫する。 ●七夕の絵本や紙芝居を読んだり、歌をうたったり、ブラックパネルシアターを見たりして、七夕のことをわかりやすく伝え、遊びにつなげられるよう準備する。	●友達に言葉で自分の気持ちを伝えられるように援助したり、友達の気持ちもいっしょに考えられるようにしたりする。 ●すいか割りを楽しめるように準備し、安全面、衛生面に十分配慮し、環境を整える。 ●水性ペン、クレープ紙、絵の具などによる色水遊びやヨーヨー作りを楽しめるように、素材を十分に用意しておく。 ●栽培していたきゅうりを子どもたちと収穫し、生長を喜んだり、簡単に調理してみんなで食べられるように準備したりする。

認定こども園等

	第1週	第2週
教育活動後の時間	●異年齢児といっしょにプール活動や水遊びなどで遊ぶ楽しさを感じたり、5歳児の姿を見て、水に潜るなどの新しいことにも挑戦しようとしたりする。	●自分たちで栽培したあさがおの花などを潰して色水にしたり、たたいて紙や布に色をつけるなど、遊びのなかに取り入れる。
援助と環境構成	●他の保育者と協力して、異年齢児といっしょにプールに入れるよう配慮する。	●高い位置の花も採れるように、台などを用意する。 ●すり鉢、すりこぎなど、子どもたちが自分で興味のある物の色が作れるよう道具を用意する。 ●紙や布を適した大きさに切ったり、色水用のビニール袋を用意したりして、事前に準備しておく。

◇…養護面のねらいや活動　◆…教育面のねらいや活動

第3週	第4週〈夏休み預かり保育〉
◇1学期が終わることを知り、身の回りの整理や掃除をする。 ◆夏休みを楽しみに待つ。	◇夏の預かり保育での生活の仕方を知り、慣れていくなかで、今までの遊びのペースを大切にし、安心して過ごす。 ◆好きなこと、楽しいことをいろいろな保育者や友達といっしょに見つけていく。
◇自分の道具箱を整理したり、遊びで使っている物や保育室を大掃除したりすることで、1学期が終わることを知る。 ◆保育者や友達とゲームやクイズを楽しみ、より親しみをもつ。 ◆夏休みの話を聞いたり、夏休み帳を見たりして、夏休みを楽しみにする。	◇登園の方法や遊びへの取り組み方など、夏の預かり保育での生活の仕方に慣れる。 ◆小麦粉粘土作り、木工コーナーでの製作、虫捕りや水遊びなど、港北幼稚園とゆうゆうのもり幼保園（＊）の子どもたちが、安心していっしょに遊べるような活動を取り入れる。 ◆栽培している物の収穫など、夏の預かり保育ならではの経験を楽しむ。 ◆普段の保育とは違う保育者と関わり、遊ぶ楽しさを知る。
●1学期に使った部屋に感謝の気持ちをもって掃除し、きれいにしてから夏休みが迎えられるように話したり、掃除しやすいように準備したりする。 ●夏休みがあることを子どもたちに伝え、夏のクイズを出すなどして、楽しみになるようにする。 ●1学期に取り組んできた遊びやゲームなどを思う存分楽しみ、楽しい雰囲気で1学期を締めくくれるようにする。	●2園の保育者が合同で保育するなかで、子どもたちの情報を共有する。遊びの環境構成を話し合い、長期休みならではの保育を試みる。 ●保育者間での保育や子どもたちについての共通理解や、午前と午後の引き継ぎなどがスムーズにいくように、話し合う時間や記録の仕方などを工夫する。 ●夏の暑さに注意し、子どもたちに水分補給を促し、ゆったりと過ごせる空間や時間を確保する。
	（＊）系列の認定こども園
●ゆっくりプールに入ったり、作った物をプールの中に持ち込んで遊んだりするなど、遊び方を変えて楽しむ。	●夏の園での生活の仕方や流れを知り、慣れていく。 ●好きなこと、楽しいことをいろいろな保育者や友達といっしょに見つけていく。
●トレーやペットボトル、牛乳パックなどの水に浮く素材を用意して、プールの中で遊べる物を作る環境を用意する。	●子どもたちが不安にならないよう、事前に他の保育者に子どもたちの好きな遊びや苦手なことなどの情報を伝え、共通認識をもつ。 ●アレルギーなどの情報の引き継ぎも行う。

幼稚園の例

7月11日（水）

前日までの子どもの姿	●クラスの友達といっしょにプール活動や水遊びを楽しむ姿が見られる。 ●友達のやっていることを見て、自分なりに挑戦してみようとする姿がある。

ねらい	●プール活動や水遊びを通じて、水の心地よさを感じ、友達といっしょにやってみようとする。	主な活動	●プール活動、水遊び

時間	予想される子どもの活動	保育者の援助	環境構成など
8:45	●登園 ・出席帳、タオルの用意など朝の支度をする。	・子どもたち一人ひとりの顔を見て挨拶しながら、健康状態、プールカードを確認する。	
9:00	●自由遊び ・室内や戸外など、好きなこと、好きな場所で遊ぶ（ままごと、製作、ぶらんこ、三輪車、砂場など）。	・友達のしている遊びが気になる様子の子に声をかけながら、保育者もいっしょに遊ぶ。 ・子どもたちがどの場所で遊んでいるか確認し、安全に配慮する。 ・子どもたちがしている遊びを広げられるようにアイデアを聞いたり、遊びを提案したりしていっしょに遊ぶ。	・朝の支度後、子どもたちがスムーズに遊び始められるよう、目に入りやすい場所に遊びの環境を設定する。 ・前日の遊びの続きや、遊びだしやすいものなどを設定しておく。
10:20	●片づけ ・自分たちが遊んだ物や、保育室を片づける。		
10:40	●プール活動 ・トイレを済ませ、着替えをし、用意を済ませる。 ・準備体操として、表現遊びや普段から取り組んでいる踊り、体操などを取り入れて体を動かす。 ・プールに入り、ペットボトル、水鉄砲、ボール、スポンジマットなどを使い、遊ぶ。 ・保育者の持っているフラフープをイルカのようにくぐろうと、水面に顔をつけることに挑戦する。	・着替えをいっしょに手伝いながら、タオルの置き場所などを伝える。 ・着替えを恥ずかしがる子がいる場合は、少し離れた所で着替えたり、タイミングをずらして着替えたりするなど、子どもの気持ちに配慮する。 ・音楽を流したり、表現遊びをしたりしながら、いっしょに体操する。	・着替えコーナーの椅子を用意しておく。 ・子どもたちがプールで遊べるような道具（ペットボトル、水鉄砲、ボール、スポンジマット、フラフープなど）を用意しておく。

時間	予想される子どもの活動	保育者の援助	環境構成など
	・体調不良でプールに入れない子は、水の入ったたらいの中に足を入れたり、プールの近くで色水遊びをしたりする。 ・水中での宝探しゲームなどを、クラスのみんなでチーム戦で行う。		・体調不良でプールに入れない子でも水に触れて遊べるような環境をプールの近くに用意する。 タオルを置く バス椅子　　　プール（大） たらい シャワー
11:10	●プール道具の片づけ、着替え	・プール道具の片づけも、ゲームの続きとして子どもたちが遊びながら楽しく片づけられるように工夫する。	
11:30	●お弁当 ・手洗い、うがいをする。 ・お弁当を食べる場所を決め、準備をする。	・支度が早くできた子と手遊びやクイズなどをして、全員が支度できるのを待つ。 ・お弁当を残さず食べられるように援助したり、促したりする。	
12:00	●自由遊び ・食べ終わった子たちから、おなか休めをしながら遊ぶ（粘土、お絵描き、製作、ままごとなど）。	・おなか休めをしながら遊べるような遊びの環境を設定する。	
12:40	●片づけ		
13:00	●降園準備、帰りの集まり ・クラスのみんなでゲームをしたり、絵本を見たりする。	・帰りのゲームでは、いろいろな友達との組み合わせができるように、数を多くしたり、子どもたちの組み合わせを変えたりしながら、少しずつルールを変化させ、いろいろな友達とゲームを楽しめるようにする。	
13:45	●降園		

自己評価の視点

●子どもたちがプール活動や水遊びをやりたくなるような素材、環境を用意できたか。
●体調不良などの理由でプール活動に参加できない子も、その時間を楽しめるような遊びの環境を提供できていたか。

月案 ……………… p76
週案 ……………… p78
日案 ……………… p80
保育の展開 …… p82

子どもの姿と保育のポイント

夏の預かり保育で新しい出会い

　8月は預かり保育中心の生活となって、子どもたちの姿も大きく変わる時期。預かり保育のなかで、いろいろな友達や異年齢児と交流する機会が多くなり、普段と違う環境に戸惑いや不安も見られます。異なる環境だからこそできる経験を通して、楽しいことを見つけたり、新たな発見をしたりして過ごしてほしいですね。
　預かり保育では毎日メンバーが入れ替わります。長時間過ごす子や一時預かりで入ってくる子がいて、担任以外の保育者が関わる時間も多くなります。保育者は、目の前の一人ひとりの子どもの姿にていねいに関わり、他の保育者と連携をとりながら、その日の保育を考えていきましょう。

夏ならではの遊びや経験

　ゆったりとした時間のなかで、友達とプール活動や水遊びをダイナミックに楽しむ姿が見られます。異年齢児と泥遊びや色水遊びを楽しみながら、さまざまな刺激を受けて、遊びが広がっていきます。また、せみ捕りや園外への散歩、すいか割りや流しそうめんなど、この時期ならではの経験が、友達といっしょにできるよい機会です。積極的に取り入れましょう。
　夏休み中に家庭で経験したことが、遊びのなかで出てくることもあります。子どもたちがやりたいことを実現でき、好きな遊びを楽しめるよう、環境設定を見直しましょう。

暑さに気をつけて！

　暑さの影響に特に配慮が必要な時期です。熱中症対策、お弁当・給食・おやつなど食べ物の衛生管理、プール活動による疲れにも気を配ります。こまめな水分補給を心がけ、戸外では帽子をかぶるなど、子どもたちの様子を見ながら声をかけ、夏ならではの配慮を忘れずに行いましょう。

今月の保育ピックアップ

保育者の援助

ゆったり過ごす時間を大切に

夏の預かり保育では、いつもより少人数での保育となります。大人がじっくりと関われるからこそ、子どもたちが好きなことをゆったりと、十分に楽しめるとよいですね。

子どもの活動

夏ならではの遊びを楽しむ

夏ならではの遊びを通し、そのおもしろさやさまざまな新しい発見を経験しながら、友達と遊ぶ楽しさを感じていきます。
〈例〉
・プール活動、水遊び、泥遊びなどをダイナミックに楽しむ。
・色水やスライムなど新しい素材に触れる。

8月のテーマ

さまざまな友達や保育者と関わりながら、夏の自然に触れ、夏ならではの遊びを楽しむ。

保育者の援助

普段と違う環境で新たな発見を

預かり保育では、異年齢児やいつもと違う友達、保育者など、普段と違う人と関わる機会が多くなります。子どもたちが遊びだしやすい環境づくりを心がけるとともに、いろいろな関わりがあるからこその新たな出会いや刺激、遊びを大切に関わりましょう。

これもおさえたい！

保護者との連携も重要

いつもと違う雰囲気に戸惑い、不安になる子もいます。園での様子を保護者にていねいに伝え、子どもの体調や健康面での情報も共有できるよう連携を大切にしていきます。

8月 月案

前月末の子どもの姿
- 普段とは違う保育者や環境に戸惑いを感じる姿がある。
- 夏の預かり保育で出会った友達といっしょに、遊びを楽しむ。
- 異年齢児と関わって遊んだり、夏ならではの遊びをさまざまな友達や保育者といっしょにやってみようとする姿が見られる。

	ねらい	子どもの活動内容
養護	◇暑さによる疲れや普段と違う生活の影響が出やすいので、ゆったりと過ごす。 ◇水分補給や熱中症対策を心がけ、健康的に過ごす。	◇暑さに気をつけながら、無理のない生活をする。 ◇夏の自然に興味をもち、関心を広げていく。 ◇プール活動を思い切り楽しむ。 ◇好きなことややりたい遊びに、じっくり取り組んで遊ぶ。 ◇異年齢児との関わりを楽しむ。
教育	◆夏の預かり保育の流れを知り、安心して過ごせるようになるとともに、好きな遊びを見つける。 ◆異年齢児やいろいろな友達と関わり、楽しさを味わう。 ◆夏期保育で、友達と夏の経験を話したり遊びのなかに取り入れたりして、久々の園生活を楽しむ。	◆プールやウォータースライダーなどで、水に触れる気持ちよさを感じながら、夏ならではの遊びを思い切り楽しむ。 ◆いろいろな友達や保育者と関わりながら、経験したことを遊びに取り入れたりして、遊びをつなげていくことの楽しさを感じる。 ◆同じ興味をもった友達と、やりたい遊びにじっくり取り組む。

教育活動後の時間

認定こども園等

- たくさんの友達や保育者、ボランティアの人と関わりながら、好きなことにじっくり取り組んだり、さまざまなことに挑戦したりして、楽しさを味わう。
- 自分で水分補給をしたり、必要に応じて衣服の着脱をして調整し、活動と休息のバランスをとりながら、快適に過ごす。

今月の食育
- とうもろこしの皮むきを体験する。
- 夏ならではの流しそうめんやかき氷などを、友達といっしょに楽しむ。
- 暑さが厳しいので、水分補給と食事がしっかりできるように工夫する。

子育て支援・家庭との連携
- 夏休み中の子育て支援として、預かり保育を行う。
- 暑さや疲れで体調を崩さないように、家庭と連携をしながら、子どもたちの健康状態を気にかけていく。

今月の保育のねらい

- 夏の生活のなかで、子どもたちが楽しんでいる遊びを大切にして、普段と違う環境でも安心して過ごせるようにしていく。
- さまざまな友達や保育者と関わりながら、夏の自然に触れたり、夏ならではの遊びを楽しんだりする。

行事予定

- 誕生会
- 夏期保育

◇…養護面のねらいや活動　◆…教育面のねらいや活動

保育者の援助と環境構成

◇プール活動で事故がないように、約束を守って遊べるようにする。
◇プール活動や屋外遊びのあとは、室内での静的な遊びを考える。
◇一人ひとりの子どもの気持ちを受け止めながら、信頼関係のなかで、夏の生活や遊びが十分に楽しめるようにする。
◇虫さされなどに注意して遊ぶようにする。

◆環境の変化に戸惑ったり、不安になったりする子どもに配慮しながら、さまざまな素材を出したり、遊びに誘ったりして、安心して過ごせる環境をつくる。
◆夏ならではの自然や環境、園外保育など、遊びにつながる経験を大切に関わっていく。
◆異年齢児やいろいろな友達との関わりを通して、子どもたちが自分なりに思いを伝えようとしたり、相手の気持ちに気づいたりして、いっしょに遊びを楽しめるように関わっていく。

- 熱中症予防のため、水分補給や室温管理などに気をつける。
- 歌やリズム遊び、ゲームなどの集団遊びを提案し、みんなで体を動かして遊ぶ楽しさを味わえるようにする。
- 友達とのつながりが深まったり、広がっていくように関わる。

保育資料

【うた・リズム遊び】
・ヤッホッホ！夏休み
・おばけなんてないさ

【自然遊び】
・虫捕り（せみ）

【運動遊び】
・水遊び（プール、ウォータースライダー）
・トランポリン　・大縄
・ボール遊び

【表現・造形遊び】
・盆踊り　・夏祭りごっこ
・うちわ作り　・風鈴作り
・スライム作り　・色水作り
・お店やさんごっこ

【絵本】
・ぐりとぐらのかいすいよく
・わんぱくだんのなつまつり

自己評価の視点

子どもの育ちを捉える視点

- 安心して預かり保育に参加できたか。
- いつもと違う環境のなかで、やりたい遊びを楽しめていたか。

自らの保育を振り返る視点

- 異年齢児や普段とは違う友達と関わって遊べるような、遊びや環境づくりを工夫できたか。
- 1学期を見直し、2学期以降の保育、行事への取り組みや課題などを考えられたか。

8月 週案

	第1週〈夏休み預かり保育〉	第2週〈夏休み預かり保育〉
ねらい	◇夏の預かり保育の生活の仕方を知り、慣れていく。 ◇外に出るときは帽子をかぶる、休憩をとるなど、暑い夏の過ごし方を知る。 ◆一時預かりで不安な子もいるので、好きな遊びを保育者といっしょに見つけていく。	◆じっくり作って遊び込める製作遊びを保育者といっしょに楽しむ。 ◆いろいろな友達や異年齢児の関わりを楽しみながら、自分なりにやりたい遊びを見つけていく。
活動内容	◇保育者に気持ちを受け止めてもらいながら、夏の生活や遊びを十分に楽しむ。 ◆夏の雰囲気を楽しみながら、好きな遊びにじっくり取り組んだり、保育者や友達といっしょに楽しめることや安心できることを見つけていく。 ◆楽しんでいる遊びを大切にして、友達といっしょに楽しむ。 ◆異年齢児やいろいろな友達との関わりのなかで、プール活動や水遊びなど夏ならではの遊びを思い切り楽しむ。	◇暑さからくる疲れも見られるので、ゆったりと過ごす。 ◆園外保育で経験したことや新たな素材を遊びに取り入れて楽しむ。 ◆全身でプール活動を思い切り楽しむ。 ◆自分のやりたいことや考えを保育者や友達に話し、伝える喜びを味わうとともに、同じ興味をもった友達とやりたい遊びにじっくり取り組む。 
援助と環境構成	●気温や水温に注意して、プール活動をする時間に配慮する。 ●一時預かりの子のなかには不安な子もいるので、さまざまな素材を用意して、子どもたちが遊びだせるように配慮する。 ●子どもたちの楽しんでいる遊びをいっしょに楽しみながら、子ども同士の関わりが広がるよう声をかけ、子どもたちの関係を見守っていく。	●子どもたちの遊びにつながる経験ができるような園外保育の場所を考えたり、新たな素材の出し方や環境の見直しを行ったりする。 ●異年齢児との交流を通して、相手のことを知ったり、相手の気持ちに気づくように見守ったりして援助していく。 ●普段楽しんでいる遊びを通して、いろいろな子どもたちが関わり合えるような配慮をする。

認定こども園等

	第1週	第2週
教育活動後の時間	●好きな遊びを見つけて、じっくりと楽しんだり、安心できる場所や環境でゆったりと過ごす。 	●新たな素材や遊び方に出会い、遊びに取り入れていく。 ●いろいろな友達のしていることにも興味をもち、自分なりにやってみながら関わりを楽しむ。
援助と環境構成	●夏の保育のため、水分補給や疲れなど、子どもたちの体調に気をつけて過ごす。 ●異年齢児や周りの友達の名前を伝えたり、同じ興味をもった友達と遊べるよう声をかけたりしていく。	●戸外遊びのときには、水分補給をこまめにするとともに、帽子をかぶるなどの熱中症対策をする。 ●新たな素材や遊びを提案していく。

◇…養護面のねらいや活動　◆…教育面のねらいや活動

第3週〈夏休み預かり保育〉	第4週〈夏期保育〉
◆夏の自然への興味、関心を広げる。 ◆夏のできごとや経験を遊びに取り入れながら、友達とイメージを共有して楽しむ。	◇久しぶりの登園を楽しみに、安心して生活する。 ◆夏休み中に経験したことを話したり、自分なりに表現したりする。 ◆友達や保育者といっしょに遊び、2学期が楽しみになるようにする。
◆年齢に関わらず、同じ興味をもった友達と、さまざまな遊びを楽しむ。 ◆園庭や近くの公園での泥遊びやせみ捕りなど、自然と触れ合って遊ぶ楽しさを味わう。 ◆好きな遊びに取り組むなかで、イメージを広げたり、友達のアイデアを認めたりしながら、遊びを展開していく。 ◆水と触れ合う心地よさを感じ、水中に潜ってみたりウォータースライダーに挑戦したりと、新たな楽しみ方を見つけていく。	◆プール活動や戸外遊びを楽しみながら、久しぶりに会う友達と過ごす喜びを味わう。 ◆夏休み中に経験したことやできるようになったことを、遊びに取り入れて楽しむ。 ◆虫捕りをしながら夏の自然に触れる。
●疲れが出やすいので、子どもたちの健康状態を気にかけ、光化学スモッグや夏の暑さにも注意する。 ●遊びのなかでルールを意識したり、子どもたちと確認しながら遊びを進めたりして、楽しさを味わう。	●1学期に楽しんでいた遊びを用意して、安心して登園できるように配慮する。 ●久しぶりに会えたことをいっしょに喜んだり、夏休みの話をゆっくり聞いたりする場をつくる。 ●プールに入ったり、友達と好きな遊びを楽しんだりして、2学期が楽しみになるように関わっていく。
●少人数だからこそできることをゆったりと楽しんだり、新しい友達との関わりのなかでさまざまなことに挑戦したりしてみる。	●好きな遊びを十分に楽しみながら、遊びに必要な物を作ったり、自分なりに工夫したりする。 ●友達の考えを取り入れ、いっしょに遊びを進めていく楽しさを味わう。
●少人数ならではの遊びや、集団ゲーム、触れ合い遊びなどを楽しめるよう、保育環境を考えていく。 ●子どもたちが落ち着ける場所や時間を確保できるよう、配慮する。	●子ども同士の関わりが深まるように遊びを工夫し、子どもたち一人ひとりがやりたいことに取り組めるようにする。 ●夏休み中に経験したことが2学期の自信になるように関わっていく。

認定こども園の例

8月15日(水)

前日までの子どもの姿	●預かり保育で、異年齢児との関わりが増え、好きな遊びをいっしょに楽しむ姿が見られる。 ●お盆の週となり、保育人数も少なくゆったりと過ごせる反面、寂しさを感じている子どももいる。

ねらい	●普段と違う場所で遊んだり、お盆の雰囲気を味わったりして、園外保育での一日を楽しむ。	主な活動	●園外保育

時間	予想される子どもの活動	保育者の援助	環境構成など
8:45	●登園	・子どもの体調を気にかけながら、受け入れをていねいに行う。	
9:00	●自由遊び ・登園した子から好きな遊びをする。 ●片づけ	・片づけの声かけをする。	
9:45	●出発準備 ・クラスごとに集まる。 ・トイレを済ませ、帽子をかぶり、持ち物を確認する。	・園外保育に行くことを伝え、楽しみに過ごせるようにする。 ・全員がトイレを済ませたか、出発準備ができたか確認し、声かけする。	・食中毒の心配もあるため、お弁当はあとから持っていく。
10:00	●バスに乗って出発		
10:45	●公園到着 ・荷物を置き、好きな所(遊具または水遊びのできる噴水や小川)で遊ぶ。	・子どもたちの動きや人数を把握し、一人ひとりが楽しめるよう、声をかけて誘ったり、保育者もいっしょに関わったりする。	
11:30	●お弁当 ・普段とは違う雰囲気を楽しんで食べる。	・異年齢児と楽しく関われるよう配慮する。 ・全員がお弁当を食べ終わったら、荷物をまとめるよう促し、移動する。	
12:10	●移動 ・次の活動を楽しみにしながら歩く。	・子どもたちの動きに気を配り、はぐれてしまう子がいないよう注意する。	
12:20	●神社、参道、売店の見学 ・だるまや風鈴などを見たり、飴作りをしている職人の姿を見たりして、さまざまなことに興味をもつ。	・子どもたちがさまざまなことに興味がもてるよう、声かけをしていく。	

時間	予想される子どもの活動	保育者の援助	環境構成など
	・店の人とのやりとりを楽しみながら、おやつのおせんべいを買う。 ・神社にお参りし、賽銭を入れて、お参りの仕方を学び、実際の雰囲気を味わう。	・おせんべいの買い方を伝える。 ・お参りの仕方などを伝える。	
12:45	●おやつ ・休憩所で、買ったおせんべいを食べる。 ・周りの池でこいを見たり、神社の様子を味わったりしながらゆっくり過ごす。		
13:00	●出発準備 ・トイレを済ませる。	・人数確認を行う。	
13:15	●バスに乗って出発 ・バスの中で眠る子もいる。	・バスの中で寝たり、園に戻って寝転んだりできるように配慮する。	・絵本の部屋に布団を敷いてゴロゴロできるスペースをつくる。
14:30	●園到着 ・手洗い、うがいをする ・園外保育に行った余韻を味わいながら、おやつの準備をする。		
15:00	●おやつ		
15:15	●自由遊び ・うちわ、風鈴、だるま作りなどをする。 ・ビデオを鑑賞する。	・園外保育で見た物の話をするなどして、子どもたちが楽しいイメージをもちながら作れるようにする。	・子どもたちが園外保育で見てきた物をつくれるような遊びの環境づくりをする。 ・園外保育に行ったことで疲れも見られるので、ビデオを見たりしながらゆったりと過ごせる場所をつくる。
16:00	●降園		

自己評価の視点

●異年齢児がいるなど、いつもと違う預かり保育のなかでいろいろな友達と関わって、楽しさを味わうことができたか。
●園外保育のなかで、それぞれ興味をもったことに楽しさを味わえたか。

7・8月　保育の展開

夕涼み会　伝統的な夏の行事を楽しむ　～夕涼み会(夏祭り)～

子どもたちが大好きな夕涼み会。当日だけではなく、その前後も日本の夏の雰囲気を味わっていけるよう、工夫や配慮を行っていきます。

ねらいや意義

1学期の終わりの行事です。クラスみんなで踊ったり、そのあとお店やさんごっこで遊んだりして、友達といっしょになにかをすることのうれしさや楽しさを感じてほしいですね。また、園での夕涼み会（夏祭り）を通じて、盆踊り、花火など、この時期ならではの行事を体験し、夏を楽しむことができます。

夕涼み会の前の活動や設定

園内にやぐらを設置します。やぐらがあることで、特別な雰囲気を味わい、楽しめます。やぐらに登って景色を楽しんだりすると、やぐらや夕涼み会に親しみがもてます。また、やぐらを囲んで、盆踊りを踊るのもおすすめです。異年齢児とも踊ってみるとよいでしょう。

当日だけではなく、子どもたちが、夕涼み会をより楽しみになるよう、行事の前からその要素を活動に取り入れていきます。

夕涼み会後の活動や設定

みんなで経験した夕涼み会。楽しかった思い出を遊びに取り入れていきましょう。

●お店やさんごっこ
　夏祭りのお店で買ったもの（かき氷、やきそば、ジュースなど）を再現し、お店やさんごっこをします。お金のやりとりをするのも楽しいので、お客さん役も楽しめます。

●和太鼓
　やぐらの和太鼓をイメージして、自分たちでたたいて楽しめる物が作ったりできるよう準備しておきます。

●オリジナル浴衣作り
　行事のあとも楽しく踊れるように、カラーポリ袋などの素材を使って、オリジナルの浴衣を作ります。

伝統的な夏の行事を楽しむ
～七夕～

子どもたちに七夕の由来を伝え、ささ飾りや短冊を準備して、行事を楽しみます。

🌸 日本の伝統行事を伝える

七夕は、日本の伝統行事の1つです。子どもたちに、由来やその意味をていねいに伝えます。一人ひとりが、ささ飾りや短冊を作り、みんなで飾りつけをして、クラスで1つのささを作ります。

> ＊七夕の由来
> 7月7日の七夕は、1年に1度、織姫と彦星が出会える日です。結婚を約束した織姫と彦星が仕事をせずに遊んでいたことに神様が怒って、天の川を隔てて2人を引き離した、という中国の伝説が元になっています。

🌸 願いを込めた ささ飾り、短冊作り

●**伝統的なささ飾り**
伝統的なささ飾り（貝殻、ちょうちん、あみなど）を子どもたちに紹介し、子どもたちが好きなものを選んで作れるようにします。

●**さまざまな素材で作るささ飾り**
伝統的なものだけではなく、さまざまな素材を用意し、子どもたちのアイデアを生かして、世界に1つのすてきなささ飾りを作れるようにしましょう。

●**短冊に込める思い**
子どもたちが、短冊にどのような願いを込めているのかをていねいに聞き、その思いに共感していきます。

🌸 願いを届けるささ燃やし

当園では、七夕のあとで、外に飾っていたささを燃やします。燃やすことで、その煙が空にのぼり、願いが天に届くといわれています。

子どもたちはささを燃やしている様子を自分の目で見ることで、空に煙が届き、その煙とともに願いが届いていくことを実感します。

7・8月　保育の展開

健康　暑さ・熱中症対策

7月、8月は、子どもたちが園で遊んでいる時間、外は暑さのピーク！
子どもたちが熱中症などにならずに遊ぶためには、保育者の配慮が必要です。

❀ 水筒を持参して、自分で水分補給

暑くなる時期には、家庭から水筒を持参してもらい、自分で水分を摂れるようにするとよいでしょう。水筒があることで、水道から水を上手に飲めない子も自分で水分補給がしやすくなったり、他の子どもたちも意欲的に水分補給をしようとする姿が出てきたりします。

❀ 室温の調整

戸外が暑いからといって、室内の温度を下げ過ぎてしまうと、子どもたちの体が温度差についていくことができず、悪寒を感じたり、体調を崩しやすくなったりしてしまいます。適度な温度調整をしていきましょう。

❀ 水遊びでクールダウン

戸外でずっと遊んでいると、体の中に熱がこもりやすくなってしまいます。外遊びのなかに水遊びを取り入れたり、プール活動などをしたりして、子どもたちの体に熱がこもらないよう配慮しましょう。

❀ 衣服の調節や帽子の着用

戸外の気温に応じて衣服を調節したり、汗をかいたあと、体を冷やさないように着替えたりできるように準備しておきましょう。また、日差しが強いときには帽子をかぶれるように、子どもたちが取りやすい場所に帽子を置くようにします。

安全 安全に気をつけて楽しみたい！水遊び

水遊びが好きな子も苦手な子も、みんなが安心して楽しめるよう、保育者はさまざまな配慮をしましょう。

水が苦手な子への配慮

水に親しんで、どんどん水と触れ合う子もいれば、怖さや苦手意識があり、水に抵抗感をもっている子もいます。水にどれくらい慣れているかは個人差がありますが、苦手な子も楽しめるよう配慮しましょう。(P.86参照)

4歳児だからこその配慮

この頃の4歳児は、いろいろなことができるようになってきて、自信をもって取り組む姿が見られます。一方で、友達の取り組んでいる姿に「おもしろそう！」と興味だけで飛びつき、けがなどにつながるケースもあるため、十分に気をつけましょう。

子どもたちに、「走らない」「飛び込まない」「子どもだけでプールに入らない」と約束事を伝えます。しかし、理解はしても、楽しくなると周りが見えなくなって走り回ったり、危ないことをしてしまったりすることもあるので注意が必要です。

子どもたちの健康状態を把握

保護者にプールカードを記入してもらい、家庭と連携して子どもたちの体調を把握しましょう。
〈例〉
・伝染病（とびひ、水いぼ）はないか
・体調は問題ないか

また、保育者同士が連携し、子どもたちがプールに入っているときには、目を離さないようにします。熱中症や紫外線の影響にも注意が必要です。子どもたちの体力を把握し、水遊びの時間の長さに注意しましょう。

安全のためのチェックポイント

安全に遊ぶために、各種のチェックを必ず行います。
〈例〉
・危険な物がプールの周りにないか
・すべりやすくなっていないか
・水温は適切か　・消毒は済んでいるか
・子どもの人数の確認

準備体操や着替えの配慮

子どもたちが親しみをもっている曲で、楽しみながら体を動かして準備体操をしましょう。準備体操は、安全面から見ても重要です。

また、子どもたちだけで着替えがしやすいよう、椅子を並べるなどして着替えコーナーをつくるとよいでしょう。タオルを置く場所なども子どもたちに伝えておき、子どもたちの「自分でできた！」という気持ちを大切にして関わっていきます。

水遊び後の配慮

シャワーで体をよく洗い、タオルで体をよく拭くよう伝えます。十分に遊んだあとは、ゆったりと休息する時間をとり、子どもたちが静かに過ごせるようにします。また、水分補給を促していきましょう。

7・8月 保育の展開

楽しさいっぱい！ 水遊び・プール活動

水が苦手な子も大丈夫！ 水遊びを通して、水に触れる楽しさや心地よさを友達や保育者といっしょに味わい、プール活動へとつなげていきましょう。

🌸 水に親しむ水遊び

●しゃぼん玉、色水遊び
　石けんや絵の具などをカップに入れて水と混ぜたりして、水と触れ合います。

●砂場
　山や川を作って水を流したり、水たまりを作って素足で水や砂に触れたりします。砂と水が混ざる楽しさも感じられます。

●絵の具で描いて、水で消す
　指や体に絵の具を付けてテーブルに絵を描き、水で消します。絵の具が消える楽しさを何度も味わえます。

●水でお絵描き
　筆を水で濡らして、コンクリートやウッドデッキに絵を描きます。乾くと消えるというおもしろさを感じられます。

●水風船
　ゴム風船に水を入れて、冷たさやプヨプヨとした触り心地を楽しんだり、投げて遊んだりします。

●足プール、足湯
　たらいに水（お湯）を入れて、足をつけます。少しずつ水に慣れ、心地よさを感じていきます。

🌸 泳ぐ喜びにつながるプール活動

●いろいろな道具で遊ぶ
　カップ、ペットボトル、水鉄砲、じょうろなど、プールで遊べる道具を用意し、自由に使って遊びます。
●フラフープのトンネルくぐり
●水に浮く物で遊ぶ
　ソフト積み木やマットなどをビート板のように水に浮かべて遊びます。
●宝探し、魚とり
　ビー玉やボールなどを使った宝探しや、ペットボトルの蓋やスチレンボードで作った魚を水に入れ、拾って遊びます。
●プールでボール遊び（ボール投げなど）

●流れるプール
　プールの中で、みんなで一方向に歩き、水流をつくります。
●動物に変身して水中散歩
　わになどに変身したつもりで、水の中を動き回ります。顔を水につけられると泳ぐ喜びにつながります。

夏ならではの活動を楽しむ

すいか割り

夏の楽しい体験「すいか割り」。友達と力を合わせて「割った！」という達成感や喜びを、おいしいすいかを食べながら感じられるようにしましょう。

すいか割りの前の活動や設定

実際のすいか割りの前に、製作やすいか割りごっこを遊びに取り入れます。子どもたちがすいか割りをしたくなるような導入を大切にしましょう。

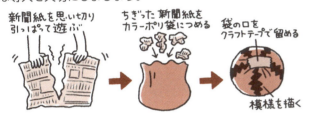

● すいか作り
　新聞紙をカラーポリ袋の中に詰めてすいかを作り、すいか割りごっこを楽しみます。
● 棒を作る
　廃材を使って、すいかを割る棒を作ります。また、子どもたちが遊びのなかで作った新聞紙の棒などを取り入れます。
● 目隠し
　おもちゃのサングラスやめがねなど、目隠しを工夫してもおもしろいですね。

当日の流れ

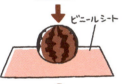

①たらいにすいかと水を入れ、冷やしておきます。（すいかが割れてしまわないよう注意）
　↓
②目隠し（手ぬぐい）と棒（新聞紙で作ったダミーの棒や後半で使う固い木の棒）を用意し、すいか割りをします。
・一人ずつ順番に目隠しをして、すいか割りに挑戦します。
・周りの子どもたちは、応援したり、「もう少し前！」などと声で教えたりしながら楽しい雰囲気にしましょう。
・全員がすいか割りを体験できるよう、ダミーの棒を使うなどし、前半ですいかが割れてしまわないように注意します。
　↓
③すいかがある程度割れたらクラスや園庭で切り分けて、みんなで食べます。みんなで食べられる環境設定を行います。

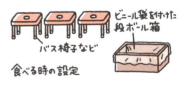

保幼小連携

当園では、すいか割りの際に、地域の小学校の1年生や保育園児と交流を行っています。すいか割りをいっしょに楽しむことで交流を図ったり、幼稚園児・保育園児が小学生に憧れを抱いたりすることを大切にしています。さまざまな交流が、安心感のある小学校生活のスタートへとつながります。

7・8月 保育の展開

月案	p90
週案	p92
日案	p94
保育の展開	p120

子どもの姿と保育のポイント

久しぶりの園生活でいろいろなことにチャレンジ

　夏休み明けで、久しぶりの園生活を楽しみに登園する子がいる反面、遊びだせない子や不安そうにする子の姿も見られます。夏休みの経験を遊びに取り入れたり、友達のしていることをいっしょにやってみたりしているうちに、少しずつ安心して過ごせるようになり、園生活のリズムを取り戻していきます。

　この時期、自分が経験したことやアイデアを相手に伝える喜びや充実感を味わうとともに、周りの人の話も聞いて、その子なりに興味を広げながら、いろいろなことにチャレンジする姿が見られます。夏休みの経験が自信となって、できることが増え、園でもやってみようとしたり、保育者や友達に自分の思いを伝えようとしたりと、たくましさを感じる場面も出てくるでしょう。子どもの興味、関心や意欲を大切にしながら環境を考え、さまざまなことに挑戦する気持ちを育んでいきましょう。

季節の変化を感じる

　まだ残暑の厳しい日が続き、水遊びや虫捕りなど、夏の遊びが盛り上がっている時期ですが、徐々に朝晩は涼しくなってきて、季節の変わり目を感じられるようになります。暑さが和らぐので、戸外で体を動かして遊ぶのが楽しくなってくる時期でもあります。捕る虫が、せみからばったに変わるなど、自然の変化も味わいながら、子どもたちと思いやイメージを共有していきましょう。

「みんなでいっしょに！」が楽しい

　自分なりに表現する心地よさを味わったり、相手の意見に耳を傾けたりしながら、「友達といっしょに活動することが楽しい」という気持ちが大きくなってくる頃です。運動会などの園行事に向けて、子どもたちの楽しんでいる遊びなどをもとに、興味や関心に沿った活動を設定しましょう。楽しい気持ちをクラス全体で感じられるようにしたいですね。

新要領・新指針の視点で 今月の保育ピックアップ

子どもの活動

夏休みの経験を発表しよう

クラスの友達の前で夏の思い出を発表し、経験を伝え合います。楽しかったことを自分の言葉で伝える充実感を感じたり、相手の話にも耳を傾けて共感したりすることで、子どもたちの自信につながります。

保育者の援助

挑戦を自信に！

夏休みの経験で自信がついて、さまざまなことにチャレンジしようとする時期。友達のしていることにも目を向けて、さまざまなことに挑戦し、できたことがさらなる自信へとつながります。子どもたちの「やってみよう！」という気持ちを大切にして関わりましょう。

9月のテーマ

自分の思いを友達に伝えたり、友達の考えを聞いたりしながら、興味を広げていろいろなことをやってみる。

子どもの活動

みんなでやることが楽しい！

普段から楽しんでいることや、数人でしている遊びがクラス全体に広がり、みんなでやることが楽しいと感じられる時期。友達やクラスの仲間意識も強くなっていきます。

行事

運動会に向けて

5歳児がリレーや踊りをする様子を見て、憧れの気持ちが大きくなり、「やってみたい！」と自分からまねしたり、5歳児に教えてもらったりする姿が見られます。子どもたちが主体的に取り組みたくなる運動会につなげていきましょう。

9月 月案

前月末の子どもの姿

- 久しぶりの登園で、園生活を楽しみにする子も多いが、不安な気持ちで登園する子もいる。
- 夏休み中に経験したことを、保育者や友達に話したり、遊びに取り入れたりする姿が見られる。

	ねらい	子どもの活動内容
養護	◇生活リズムを整えながら、心身ともに安定した生活を送る。 ◇残暑に気をつけながら、熱中症対策や水分補給を心がける。	◇生活の流れを取り戻しながら、水分補給や衣服調整などを自分でしようとする。 ◇身体測定をすることで、自分の成長を感じ、喜ぶ。 ◇夏から秋への季節の移り変わりを感じ、体を動かす楽しさを味わう。
教育	◆園生活のリズムを取り戻すとともに、夏休み中の経験を遊びに取り入れて楽しむ。 ◆友達といっしょにさまざまなことに興味をもち、やりたいことを十分に楽しむ。 ◆自分なりに表現する心地よさを味わいながら、友達の意見にも耳を傾け、いっしょに考えたり話し合ったりして、力を合わせる楽しさを感じる。	◆夏休みの話をみんなの前で話したり、友達の話を興味をもって聞いたりする。 ◆敬老の日のことを知り、自分なりに考えて、おじいちゃん、おばあちゃんに感謝の気持ちを込めて、敬老の日のはがき作りをする。 ◆お月見（十五夜）のことを知り、友達といっしょにお月見だんごを作ったり、食べたりすることを楽しむ。 ◆運動会に向けて、友達といっしょにさまざまなことに取り組み、イメージを共有したり、遊びのなかに取り入れたりして楽しむ。

認定こども園等

教育活動後の時間	●水遊びを通して友達と楽しさを共有したり、夏の経験を遊びに取り入れたりしながら、同年齢だけでなく、異年齢児との関わりも楽しむ。	●戸外で走ったり、思い切り体を動かしたりしながら、運動会に向けての雰囲気を味わう。

今月の食育

- お月見だんごを作って食べて、行事と食の関連を知る。

子育て支援・家庭との連携

- 夏休み中の様子などを、保護者に聞いたりして、新学期からの保育に生かしていく。
- クラスの様子や、運動会に向けて大切にしていることや取り組みのエピソードなどを、懇談会で伝え、当日だけでなく、過程の大切さを伝えていく。

今月の保育のねらい

- 夏休みに経験したことや、自分の思いや考えを、遊びのなかで友達に話したり、友達の話を聞いたりしながら、遊びに取り入れ、興味を広げていろいろなことをやってみようとする。
- 戸外で体を動かしたり遊んだりすることを、友達といっしょに楽しむ。

行事予定

- 始業式
- 身体測定
- お月見だんご作り
- 誕生会
- 避難訓練
- 運動会予行

◇…養護面のねらいや活動　◆…教育面のねらいや活動

保育者の援助と環境構成

◇一人ひとりの健康状態を把握し、熱中症などに気をつける。
◇汗をかいたときに、自分で着替えられるように声をかけたり、活動に応じて自分で衣服を調節できるようにする。
◇避難訓練を行うなかで、災害時への意識を高めていく。

◆自分の考えを友達の前で話せるよう保育者が援助し、友達の話も聞けるように声をかけていく。
◆気の合う友達だけでなく、いろいろな友達と関われるようにゲームや遊びを充実させていく。
◆友達といろいろな遊びを楽しめるように、さまざまな素材を用意したり、遊びたくなるような環境設定を工夫する。
◆運動会が楽しみになるように、子どもたちの思いや姿を認めたり、励ましたりしながら、保育者も子どもといっしょに楽しむ。
◆子どもたちが運動会を楽しみにして、やりたくなるような環境をつくっていく。

●一人ひとりの興味や個人差を把握し、無理なく好きなことに取り組めるようにし、喜びや達成感を味わえるように関わっていく。

保育資料

【うた・リズム遊び】
・とんぼのめがね
・運動会のうた
・園歌

【自然遊び】
・虫捕り（とんぼ、ばった、かまきり）
・虫の飼育

【運動遊び】
・運動会の種目（かけっこ、綱引き、玉入れ、踊り）
・プール活動　・水遊び

【表現・造形遊び】
・敬老の日のはがき作り
・万国旗、運動会飾り

【絵本】
・むしたちのうんどうかい
・おつきみうさぎ
・おばあちゃんすごい！

自己評価の視点

子どもの育ちを捉える視点

- 園生活のリズムを取り戻し、安心して登園し、遊びだせていたか。
- 戸外での活動の心地よさを感じながら友達といっしょに遊びを楽しめたか。

自らの保育を振り返る視点

- 一人ひとりの園生活、友達関係の変化をていねいに捉え、関わることができたか。
- 運動会に向けた活動に楽しんで参加し、体を動かす楽しさを味わえるような環境設定や工夫ができたか。

9月 週案

	第1週	第2週
ねらい	◇園生活のリズムを取り戻し、保育者や友達といっしょに安心して園生活を楽しむ。 ◆夏休み中の経験を自分なりに表現する。 ◆夏の自然に興味をもつ。	◆友達と過ごすことを心地よく感じながら、いっしょに遊びを楽しむ。 ◆敬老の日のことを知り、おじいちゃん、おばあちゃんに気持ちを込めて、はがきを書く。
活動内容	◇身体測定をすることで、自分の成長を感じ、喜ぶ。 ◇園生活の流れを思い出して、生活のリズムを取り戻す。 ◆久しぶりの園生活を喜び、やりたい遊びを十分にする。 ◆夏休みのできごとを保育者や友達に話したり、友達の話を興味をもって聞いたりする。 ◆残暑の厳しさもあるなかで、プールやウォータースライダーで水に親しんだり、夏休み中の経験を遊びに取り入れたりして楽しむ。	◇避難訓練を行い、保育者といっしょに災害時の注意などについて考える。 ◆夏休みに経験したことを遊びのなかに取り入れながら、友達と意見を出し合って遊ぶ楽しさを味わう。 ◆友達といっしょに戸外で体を動かしたり、踊ったりする楽しさを味わう。 ◆敬老の日のことを知り、自分なりに考えて、おじいちゃん、おばあちゃんに感謝の気持ちを表現しながら、敬老の日のはがきを製作する。 
援助と環境構成	●長い休み明けの登園なので、子どもたちの気持ちをていねいに受け止めながら、遊びにすんなり入れるよう、素材を用意したり、遊びたくなる環境をつくったりする。 ●夏休みのことを伝えたいという子どもたちの気持ちを受け止め、保育者が言葉を補ったり、友達の話も聞けるようにしたりして、みんなに伝わる満足感が味わえるようにする。 ●残暑の厳しいなかで、水分補給や子どもたちの体調に気をつけながら、水遊びや戸外での遊びを楽しめるようにする。	●積極的に戸外での活動を楽しむことができるよう、健康状態を見守りながら、保育者もいっしょに外遊びを楽しむ。 ●イメージが膨らんでいくよう、さまざまな素材を用意したり、子どもたちの声を聞きながら遊びのなかに取り入れたりして、子どもたちがやりたくなる環境をつくっていく。 ●敬老の日のことをわかりやすく話し、子どもたちが自分なりにはがきが作れるように、素材などを工夫して出す。

認定こども園等

	第1週	第2週
教育活動後の時間	●夏の経験を積極的に遊びに取り入れたり、友達とイメージを共有したりしながら遊びを楽しむ。 ●夏休み明けの動植物の変化に興味をもって関わる。	●水や泥の感触を味わいながら、ダイナミックな遊びを楽しむ。 ●安全に気をつけながら、遊具や用具を使って遊ぶ楽しさを味わう。
援助と環境構成	●暑さや疲れに気をつけながら、一人ひとりの健康状態を把握し、子どもたちに声をかけていく。	●遊具や運動用具の安全点検を行い、子どもたちに安全な使い方を伝えて、けがのないように注意する。

◇…養護面のねらいや活動　◆…教育面のねらいや活動

第３週	第４週
◆お月見（十五夜）のことを知り、友達といっしょにだんご作りを楽しむ。 ◆秋の栽培に関心をもち、種まきをしたり水やりをしたりして、生長を楽しみに観察する。	◆運動会に向けて、友達といっしょに活動することの楽しさやおもしろさを味わうとともに、クラスで話し合ったり、考えたりして、力を合わせる楽しさを感じる。 ◆自分なりの考えを友達に伝え、自信につなげていく。
◇戸外で体を動かしたり、虫などの自然と触れ合ったりすることを十分に楽しむとともに、水分補給や衣服調節を自分なりに行う。 ◆お月見について知り、友達といっしょにお月見だんごを作ったり、食べたりすることを楽しむ。 ◆友達と誘い合っていろいろな遊びに取り組み、楽しさを味わう。 ◆身近な虫や草花に触れて興味をもつ。 	◆5歳児のリレーや踊りを見ることで運動会の雰囲気を感じ、憧れの気持ちをもったり、いっしょに踊ったりして、交流することを楽しむ。 ◆自分の話や考えたことをみんなの前で話したり、友達の話を聞いたりする。 ◆いろいろな遊びに友達といっしょに取り組むなかで、勝ち負けの喜びや悔しさを味わうとともに、クラスで話し合ったり考えたりする楽しさを感じる。 
●お月見のことを子どもたちに話し、楽しくだんご作りができるように準備する。 ●秋の栽培で、子どもたちといっしょに観察をしたり、水をやったりして、子どもたちが生長の変化に気づけるように関わっていく。 ●運動会に向けて、子どもたちが楽しめるようなことを遊びのなかに取り入れたり、やりたくなるような環境をつくったりして、保育者もいっしょに関わって、楽しさを味わう。	●運動会が楽しみになるような環境を考えたり、異年齢児との交流も大切にして関わっていくよう心がける。 ●自分の考えを友達の前で話せるよう保育者が援助し、友達の話も聞けるように声をかけていく。 ●運動会が楽しみになるように、クラスのみんなで万国旗や飾りなどを作り、気持ちを合わせて当日が迎えられるようにしていく。 
●十分に体を動かしながら、さまざまな遊具や道具を使った遊びを楽しむ。 ●ルールのある遊びに取り組んで、その楽しさを味わう。 	●行事に向けて、やってみたいという気持ちを大切に、いろいろな友達とさまざまなことに取り組む楽しさを味わう。 ●さまざまなことに興味を向けて挑戦しようとしたり、5歳児からの刺激を受けて、憧れの気持ちをもってやってみようとしたりする。
●ルールのある遊びに取り組むなかで、自分の力を発揮する心地よさや、友達といっしょに取り組んだ充実感が味わえるように援助する。	●異年齢児との交流を楽しみながら、思いやりや憧れの気持ちがもてるよう関わっていく。

日案

幼稚園の例

9月14日（金）

前日までの子どもの姿	●夏休みが明け、生活リズムを取り戻して、仲のよい友達と好きな遊びを楽しむ姿が見られる。 ●自分の経験したことを話したり、友達の話を聞いたりして、少しずつイメージを共有する姿が出てきている。

ねらい	●お月見（十五夜）のことを知り、友達とお月見だんごを作って、食べることを楽しむ。	主な活動	●お月見だんご作り

時間	予想される子どもの活動	保育者の援助	環境構成など
8:45	●登園 ・朝の支度をする。	・子どもたち一人ひとりと挨拶を交わしながら、健康状態を確認する。	
9:00	●自由遊び ・室内や園庭で好きな遊びをする（ままごと、積み木、砂場、粘土遊び、固定遊具、虫捕りなど）。		・子どもたちがすぐに好きな遊びを始められるよう、環境を設定する。
10:00	●片づけ	・これからの活動が楽しみになるように、子どもたちに声をかけて片づけを促す。	
10:15	●トイレ、手洗い ●お月見だんご作り ・絵本を見る。 ・保育者のお月見の話を聞き、だんご作りを楽しみにする。 ・丸いだんごだけでなく、さまざまな形のだんごを作ったり、自分のイメージを表現したりして、楽しく作る。	・お月見の絵本を読む。 ・月の変化やうさぎの言い伝えなど、子どもたちが興味をもてるような話をする。 ・衛生面に気をつけながら、楽しくだんご作りができるようにする。 ・子どもたちのイメージを受け止めたり、他の子どもたちに広げたりしながら、さまざまな形のだんごが作れるように見守る。 ・だんごがなにからできているのかを知り、作る工程も楽しみながら、みんなで作る喜びを味わえるよう言葉かけしていく。	・机にはビニールシートをかけておく。 ・お月見に関連する絵本を選んでおく。 ・だんご作りに使う食材や道具を用意しておく（上新粉、お湯、ボウルなど）。

時間	予想される子どもの活動	保育者の援助	環境構成など
	・作り終わっただんごを職員室に運び、調理してもらう。	・だんごを調理する。	
11:00	●片づけ		
11:30	●お弁当 ・お弁当といっしょに、調理しただんごを食べる。 ●自由遊び ・食べ終えた子からお弁当を片づけて、好きな遊びをする。	・自分たちで作った喜びが感じられるよう、いろいろな形ができたことなどを全員で共有して、楽しく食べられるようにする。 ・食休みができるよう声をかけたり、子どもたち一人ひとりの体調や食欲を気にかけながら、見守る。	
12:45	●片づけ	・片づけを促す。	
13:00	●帰りの集まり、降園準備 ・帰りの集まりのなかで、絵本を見たり、ゲームをしたり、歌をうたったりする。 ・保育者の話を聞き、だんご作りの楽しさを振り返ったり、夜に月を見ることを楽しみにしたりする。	・だんごを食べた感想を子どもたちに聞きながら、楽しかった気持ちをみんなで味わえるようにする。 ・夜、月を見ることが楽しみになったり、月の形の変化に興味がもてたりするよう、話をする。 ・お月見だんご作りの経験が、1日だけで終わるのではなく、粘土遊びや泥だんご作りにつながるようにする。 ・子どもたちが「また作りたい」と思い、粘土や泥でいろいろな形を表現する楽しさを味わえるよう、保育者自身も心がけていく。	・だんご作りの経験がさらに広がるよう、粘土を用意する。
13:45	●降園		

自己評価の視点

- お月見について、子どもたちがわかりやすい話し方、説明をできたか。
- 作るだけでなく、作った物を友達といっしょに食べる喜びが味わえたか。
- 粘土や泥を使っただんご作りの経験を通し、子どもたちがイメージを表現する楽しさを味わえたか。

月案	p98
週案	p100
日案	p102
保育の展開	p120

子どもの姿と保育のポイント

お互いのイメージを伝え合う

運動会などを通して、少しずつクラスという集団を意識し、友達と過ごす心地よさを感じたり、気持ちを共有したりする姿が出てきました。友達と力を合わせるおもしろさや互いのイメージを伝え合う楽しさを感じているようです。

過ごしやすい気候になり、戸外遊びが増える時期でもあります。鬼ごっこのように、みんなで遊べる戸外遊びを多く取り入れて、子ども同士で声をかけ合ったり、新しい関係をつくっていけたりするよう配慮します。

互いの思いのずれから、一方が遊びから抜けてしまう姿も見られます。保育者が間に入って、互いの気持ちを伝え合い、どうしたらよいのかいっしょに考えていきましょう。

動物園などでの園外保育

園外保育に行くことで、集団行動をより意識するようになります。園外保育では、友達と同じ物を見るうれしさを大切にしたいですね。

園外保育で見た物を製作のテーマにするのもおすすめです。共通の経験をしたことで、友達とイメージを伝え合い、共有しながら、実際に見た物を作ることができます。活動の余韻を楽しみながら、自分らしく表現する時間を大切にしましょう。

秋の自然を感じる

子どもたちが自分で遊びを考えるおもしろさを感じ始めている時期。どんぐりや落ち葉などの自然物を用意し、子どもたちが自由に使い方を見つけられるよう環境設定をしてみましょう。

また、さつまいも掘りなどを通して、栽培している物や植物に興味をもち、大事に育てていこうとする気持ちがもてるようにします。さつまいものスタンプやつるのリース作りも、秋の自然物を使った遊びを知るよい機会となります。

今月の保育ピックアップ

新要領・新指針の視点で

子どもの活動

経験を絵に表現

運動会や動物園で見た物、経験したことを絵で表現する機会をつくりましょう。絵を見せ合って刺激を受けたり、思いを共有したりできます。また、他の子の絵からいろいろな表現方法を知ることもできます。

子どもの活動

秋の自然を楽しむ！

どんぐり、さつまいも、落ち葉などを使った遊びで、秋ならではの自然を楽しみます。保育者がアイデアを示しながら、さまざまな使い方があると伝えることも大切です。

10月のテーマ

友達といっしょに挑戦や経験をして、イメージを共有して遊びをつくるおもしろさを感じる。

保育者の援助

運動会のあとで

リレーなど、運動会にまつわる遊びを楽しむ姿が見られます。競技に使った物を出しておき、子どもたちがいつでも使えるようにしておくとよいでしょう。保育者も、遊びに参加して、途中からでも子どもたちが遊びに加われる雰囲気をつくっていきます。

これもおさえたい！

保護者に伝えたいこと

保護者の心配事などを聞き、いっしょに考える機会を大切にします。また、園行事が多い時期です。子どもたちの日々の変化や行事に向けてがんばっている姿を伝えます。子どもたちがどんな気持ちで練習に取り組んでいるのか知ってもらい、保護者も同じ気持ちで行事当日を迎えられるようにしましょう。

10月 月案

前月末の子どもの姿

- 運動会の活動を通して力を合わせたり、作戦を考えたりしながら、楽しく取り組む姿が見られる。
- 5歳児のリレーや踊りをまねして、やってみようとする姿が見られる。
- 少しずつ自分の気持ちを言えるようになってくる。

	ねらい	子どもの活動内容
養護	◇生活のなかで必要なことを自分でできるようにする。 ◇戸外で体を動かすことを楽しむ。 ◇身近な秋の自然に親しむ。	◇動植物の世話や当番活動を通して、自分なりに取り組む楽しさを知る。 ◇遊具や用具の安全な使い方を身につけながら、体を動かして遊ぶことを楽しむ。 ◇秋の自然の心地よさに触れて、自然への親しみを感じる。 
教育	◆友達とイメージを共有したり、力を合わせたりしながら、遊びを楽しむ。 ◆友達とイメージを伝え合うことで、いろいろな気持ちを感じたり、考えたりして遊んでいく。 ◆遠足では、動物の特徴や名前などに興味をもち、友達と楽しむ。	◆運動会について友達や保育者と考えたり力を合わせたりしながら、楽しむ。 ◆運動会のあとも、異年齢児と交流しながらリレーや踊りなどを自分たちなりに楽しむ。 ◆さつまいも掘りの話を聞いて、準備をしたり、収穫の喜びを感じたりする。 ◆焼きいも準備をして、自分たちが収穫したさつまいもを味わう。 ◆友達とイメージを共有しながら、遊ぶことの楽しさを味わう。 ◆意見の食い違いからトラブルも起こるが、相手の気持ちを知り、どうしたらよいのかを考えようとする。 ◆動物園での遠足のあと、動物園をイメージした表現遊びなどで友達といっしょに楽しむ。
教育活動後の時間	**認定こども園等** ●行事を通した異年齢児との交流のなかで、いっしょに遊ぶことが楽しい、うれしいと思える経験をつくる。 ●友達や異年齢児と遊ぶなかでさまざまなことに興味をもち、やってみようとする。	●自分の好きなことを伝えたり、相手のことを知りながら、いろいろな遊びに自分から入ろうとする気持ちをもつ。 ●さつまいも掘りなどの経験から、クラスとはまた違った楽しみを見つけ、じっくりと遊ぶ。

今月の食育

- さつまいもを収穫する喜びを感じたり、友達といっしょに食べることを楽しんだりする。

子育て支援・家庭との連携

- 運動会を迎えるにあたって、それまでの過程や子どもたちの園での様子を伝えながら、当日を迎えられるようにする。
- 地域の方にも見に来てもらえるように園を開放し、行事を通して、園や子どもたちの姿を発信していく。

今月の保育のねらい

- 運動会や、そのあとの余韻を楽しんだり、秋の自然に親しんだりするなかで、体を動かす心地よさを感じる。
- みんなで遊ぶおもしろさを感じるなかで、いろいろな友達と関わったり、新しいことにも挑戦しようとしたりする。

行事予定

- 運動会
- 避難訓練
- 焼きいも
- 誕生会
- 個人面談
- さつまいも掘り
- 動物園遠足

◇…養護面のねらいや活動　◆…教育面のねらいや活動

保育者の援助と環境構成

◇飼育している動植物の世話や簡単な当番活動などを通して、生活のなかで必要なことを自らやってみようとする機会をつくる。
◇必要な道具を準備したり、安全面に配慮したりして、子どもたちが体を動かすことを楽しめるようにする。
◇草花や生き物、木の実や収穫物に触れたり、遊びに取り入れたりできるようにする。

◆運動会が楽しみになるように、当日を迎えるまでの過程を子どもたちと楽しんだり考えたりして、気持ちを合わせて当日を迎えられるようにしていく。
◆戸外でのリレーや踊りなど、運動会の余韻を通して、異年齢児との交流のきっかけをつくっていく。
◆子どもたちが思いを伝え合って遊ぶことができるように、言葉かけをしていく。
◆イメージを共有していろいろなことに挑戦できるように、ゲームや戸外遊びを充実させていく。
◆動物園に行くのが楽しみになるようにパンフレットを準備したり、行ったあとも、動物園で体験したことを、絵やなりきり遊びでそれぞれが楽しめるように準備する。

- 学年やクラスで楽しんでいることを、保育者もいっしょに周りの子に伝えながら、さまざまな子と楽しみ、おもしろさを共有できるようにしていく。
- 互いに気持ちを伝えたり、異年齢児にもいっしょに考えてもらえるように声をかけ、雰囲気をつくっていく。
- 子どもたちが、興味が出てきたことをじっくりとできるような環境を準備しておく。

保育資料

【うた・リズム遊び】
- ミックスジュース
- ピクニック
- はたけのポルカ
- やきいもグーチーパー

【自然遊び】
- 泥だんご作り

【運動遊び】
- リレー
- 鬼ごっこ
- 踊り
- 綱引き
- 縄跳び

【表現・造形遊び】
- 動物なりきり遊び（遠足の余韻）
- 動物、動物園作り
- 運動会の絵
- ハロウィン製作（魔女、おばけ）
- さつまいもスタンプ
- さつまいものつるでリース作り

【絵本】
- どうぶつサーカスはじまるよ
- いもほりよいしょ！
- ハロウィンドキドキおばけの日！

自己評価の視点

子どもの育ちを捉える視点
- 友達に気持ちを伝え、友達の気持ちも聞いていたか。
- クラスの活動では、自分の気持ちを伝えたり、相手の気持ちを聞いたりしながら、力を合わせて楽しんで取り組めていたか。

自らの保育を振り返る視点
- 友達と関わるきっかけづくりができたか。
- 子どもたちがいろいろなことに挑戦できるよう準備したり、言葉をかけたりできたか。
- 一つひとつの行事を大切に子どもたちと楽しめたか。

10月 週案

	第1週	第2週
ねらい	◆友達とのつながりをもちながら、好きな遊びを楽しむ。 ◆友達といっしょに、イメージを伝え合いながら遊ぶ楽しさを味わう。	◆友達とイメージを出し合いながら、いろいろな遊びに挑戦する。 ◆運動会をきっかけに、友達といっしょに戸外で体を動かして遊ぶ。
活動内容	◆運動会に向けて友達や保育者と楽しく取り組みながら、考えたり力を合わせたりするおもしろさを感じる。 ◆運動会が楽しみになるように、運動会の練習のなかで自分の好きなことや楽しみなことを見つける。 ◆自分の思いを言葉で表現したり、友達に伝えたりして遊ぶ。 ◆運動会当日に飾る万国旗やクラスの飾りを、クラスの子といっしょに作っていく。	◆友達と遊びのなかでイメージがずれたとき、互いに思いを伝えながら、保育者や友達と、どうしたらよいかを考えようとする。 ◆友達と誘い合って、自分たちで遊びを決めたり、進めたりする。 ◆運動会後も、異年齢児のリレーや踊りなどを自分たちなりに楽しみながら交流していく。 ◆楽しかった運動会の思い出を、絵に描いて表現する。 ◆縄跳びの縄の使い方を知り、遊びのなかで跳んだりつなげたりと工夫して楽しむ。 
援助と環境構成	●運動会が楽しみになるように子どもたちと考えたり工夫したりし、気持ちを合わせて当日を迎えられるようにしていく。 ●運動会では必要な道具を準備したり、安全面に配慮したりして、子どもたちが楽しめるようにする。 ●子どもたちが思いを伝え合って遊ぶことができるように、言葉かけを多くしていく。 	●運動会の余韻を楽しみながら、戸外で体を動かせるように、鬼ごっこやゲームなどを取り入れ、保育者もいっしょに遊んでいく。 ●縄跳びの縄の個人持ちがスタートするので、いろいろな縄跳びの使い方や遊び方などを伝え、保育者もいっしょに遊んでいく。 ・一人跳びが難しい場合、大縄を出す。 ・縄跳びを個人で管理できるよう、縄跳びかけを用意する。 ●遊びのなかでイメージがずれて、遊びをやめたり仲間から抜けたりすることがあるので、気持ちを伝え合えるよう援助していく。

認定こども園等

	第1週	第2週
教育活動後の時間	●運動会が楽しみになるように、運動会の飾りや門を違うクラスの子たちといっしょに考え、さまざまな素材を使いながら作っていく。 ●年齢を越えて、運動会の競技や踊りを互いに見せ合ったり、いっしょにやったりしながら、運動会を楽しみにする。	●周りの友達が遊んでいることに興味をもち、やってみようと自分から遊びに入っていく。 ●遊びを通して、いろいろな子と関係をつくって楽しむ。
援助と環境構成	●運動会の門や飾りを作るなかで、さまざまな素材を使えるように準備をする。 ●子どもたちが競技や踊りを、保育室だけでなく、園庭でも練習できるようにしておく。	●運動会の余韻を楽しみながら、戸外で遊ぶ気持ちよさを感じられるように配慮する。

◇…養護面のねらいや活動　◆…教育面のねらいや活動

第3週	第4週
◆身近な自然に触れて遊んだり、さつまいも掘りをして友達といっしょに食べたりしながら、秋を感じる。 ◆グループ活動を通して、友達と力を合わせながら、クラスの友達関係が広がって楽しさを感じる。	◆友達とイメージを共有したり力を合わせたりして遊びを楽しむ。 ◆遠足では、動物の特徴や名前などに興味をもち友達と楽しむ。 ◆身近な秋の自然に触れて遊ぶ。 ◆絵本の貸し出しが始まることを知り、楽しみにする。
◆さつまいも掘りの話を聞いて、準備したり、収穫したりして喜びを感じる。 ◆焼きいもの準備をして、自分の掘ったさつまいもを味わう。 ◆掘ったさつまいもや、つるを使って遊ぶ。 ◆どんぐりや落ち葉を拾って、遊びのなかに取り入れて楽しむ。 ◆グループの友達と、グループ名を話し合って決めたり、当番やゲームをしたりして楽しむ。 	◆友達とイメージを共有して遊ぶことの楽しさを味わう。 ◆動物園を楽しみにし、動物をじっくり見たり、発見したりして楽しむ。 ◆動物園への遠足のあと、友達とイメージを共有しながら動物園をイメージした表現の遊びをいっしょに楽しむ。 ◆絵本の貸し出しを楽しみにし、たくさんの絵本に触れる。 
●さつまいも掘りや焼きいもの話をして、友達と準備したり、楽しんだりできるよう工夫していく（新聞紙、アルミホイルを用意）。 ●いもやつるを使ってできる遊びを紹介し、子どもたちが興味をもってできるようにしていく（いものスタンプ、つるのリース）。 ●子どもたちと探したどんぐりや落ち葉で、秋の自然を楽しめるようにする（どんぐり転がし、こま作り、葉っぱのしおり作り）。 ●グループ活動が楽しめるようにゲームをする。当番では、子どもたちが力を合わせられるように言葉かけをしていく。 	●イメージを共有していろいろなことに挑戦できるように、ゲームや子どもたちから始まった遊びに入りながら、充実させていく。 ●動物園が楽しみになるように、動物の本やパンフレットを見たりしながら、動物の名前や特徴に興味がもてるようにしていく。 ●安全面に配慮して動物園に下見に行く。 ●動物園で体験したことを、絵や表現遊びなどのなかに取り入れて友達と楽しめるよう、素材を準備する。 ●絵本の貸し出しでは、好きな絵本が見つけられるように関わる。
●収穫したさつまいもを使ったおやつをみんなで作って食べたり、つるを使ってリースを作ったりする。 ●運動会を通して、ルールのある遊びにも興味をもち、保育者や友達といっしょに遊ぶ。	●少しずつ、今まであまり交流がなかった友達とやりとりをしながら遊ぶ楽しさを知り、互いの楽しんでいることをいっしょにじっくりと取り組む。 ●クラスで楽しんでいることや挑戦していることに引き続き取り組む。
●掘ったさつまいもでおやつを作って、みんなで食べる機会をつくる。 ●身近などんぐりや落ち葉を使った製作や、秋の自然物を使った遊びができるように、素材を準備しておく。	●子ども同士でできるゲームや遊びを準備しておく。 ●じっくりと遊べるように、コーナーごとに遊びを区切って設定しておく。

10月 日案

認定こども園の例

10月26日(金)

前日までの子どもの姿	●動物園に行ったあとなので、保育室に貼ってある動物の写真を見て、友達や保育者と話をする。 ●自分たちで動物になりきろうとする姿も出てくる。ショー遊びをしたいという子がいる。

ねらい	●動物園の余韻を感じながら、友達といっしょに遊びのなかで作ったり表現したりする。	主な活動	●遊びのなかで、自分たちで動物園を作ったり、表現したりし、周りに発信していく。

時間	予想される子どもの活動	保育者の援助	環境構成など
9:00	●登園 ・朝の支度をする。 ●自由遊び ・好きな遊びをする。	・子どもたちに朝の挨拶をしながら出欠や健康状態を確認する。	・動物園に行ったときの写真を印刷して保育室に貼る。
10:00	●動物園に関する製作や見立て遊び ・写真を見ながら、動物園で楽しかったことや発見したことを話す。 ・いろいろな素材を見つけ、作ってみたいという気持ちをもつ。 ・保育者にイメージを伝えながら、素材を使って作り始める。 ・動物の特徴や大きさなどを友達と少しずつ話しながら作る。 ・自分たちで動物や飼育員などを考え、なりきって遊ぶ。 ・積み木などを木や森に見立てて、森に暮らす動物になりきる。	・子どもたちがなにに興味をもっているのかを探る。 ・素材をいっしょに見ながら、いろいろな使い方があることを伝えていく。 ・子どもたちのイメージを聞きながら、それに合った素材を出し、いっしょに作っていく。 ・子ども同士で作っている場面では、見守りながらもイメージに共感していく。 ・動物になりきって遊び始めた子のイメージにも共感し、いっしょに楽しむ。	・動物に関連した絵本や図鑑を絵本の棚に置く。 ・素材を見えやすいところに置く（段ボール、カラーポリ袋、緩衝材、エアーパッキング、色画用紙など）。 ・見立て遊びに使えるよう、安全に配慮して環境を整える（積み木、ゲームボックス、フラフープ、巧技台、マットなど）。

時間	予想される子どもの活動	保育者の援助	環境構成など
11:00	●片づけ ●集まり ・午前中に自分たちがしていた遊びを見せ合う。 ・前日と同様にショーをやりたいという案が出てくると予想される。	・子どもたちが遊んでいたことや作った物を紹介してもらい、互いのしていたことを知る場をつくる。 ・子どもたちがショー遊びをしたいと盛り上がった場合は、ショー遊びへとつなげる。そうでない場合は製作遊びの続きなどができるようにしておく。	
11:30	●給食 ・給食の準備をする。 ・「いただきます」の挨拶をする。	・給食の準備をするよう促す。	
12:00	●ショー遊び ・子どもたち同士で声をかけ合い、ショーを進行する子、なりきった姿を見せる子や他のクラスにショーの開催を伝えに行く子がいる。 ・動物を作った子たちも、保育室を動物園に見立て、動物のコーナーをつくって他のクラスの子どもたちに紹介する。 ・ショーを見せたことで、さらに別の技を見せたいという子が出てくる。	・途中からでも参加できるような雰囲気をつくっていく。 ・子どもたちのアイデアから、なにを作ったらよいかをいっしょに考えながら作る。 ・絵本などを見ながら、それぞれの得意なことやできそうなことをいっしょに考えてやってみる。	・午前中から引き続き遊べるように場所をつくっておいたり、素材を揃えておいたりする。 ・安全面に配慮しながら、子どもたちが見せたいことができたり、お客さんが座れるように、周りの環境を整える（音楽、お客さんの席など）。
13:00	●片づけ	・片づけの声かけをする。	
13:15	●1号認定児帰りの集まり、降園準備		
13:40	●1号認定児降園		
15:00	●2号認定児自由遊び ●2号認定児おやつ ●自由遊び		
15:00〜19:30	●2号認定児降園準備 ●順次降園		

自己評価の視点

●子どもたちがそれぞれ自分らしく楽しむことができていたか。
●友達といっしょに楽しいことを共有しながら遊ぶことができたか。
●それぞれのしている遊びに目を向けたり、興味をもったりする機会がつくれたか。

月案 ………… p106
週案 ………… p108
日案 ………… p110
保育の展開 …… p120

子どもの姿と保育のポイント

「おもしろそう」という気持ちを大切に！

劇団公演で音楽や楽器に触れたり、バザーに参加したり、5歳児の生活発表会の雰囲気を感じたりと、さまざまな刺激を受けながら、じっくりと遊び込んでいける時期。「おもしろい！」と感じたことを遊びに取り入れようと、工夫する姿が見られます。子どもたちのこのような姿や一人ひとりの表現を大切にした援助を意識しましょう。

じっくりと遊べる環境を整える

子どもたちが遊び込むために、集中して遊べる環境を整えます。保育室の中でコーナーを区切り、じっくりと製作遊びができるスペースをつくるのもよいですね。子どもたちの遊びがよりおもしろくなるように、ままごとなどの環境を準備します。また、一人ひとりの子どもが楽しんでいることをクラス全体に広げていけるように、保育者は意識して発信していきましょう。

夢中になる遊びは、友達の思いを考える第一歩！

子どもたちは、やってみたい遊びを思い切り楽しむなかで、思いをもって友達とコミュニケーションをとり、相手の気持ちに触れていきます。夢中になれる遊びを通して、友達の気持ちを考える最初の一歩を踏みだすのです。自分の気持ちだけでなく、友達の気持ちを考えながら遊べるようになるために、夢中になれる遊びをじっくりと探せるようにしましょう。

保育参加で保護者と連携を密に

保育参加は保護者が「お父さん・お母さん先生」になって子どもたちといっしょに遊ぶことで、保護者に子どもたちの世界を感じ、今の子どもたちの姿を知ってもらう機会となります。保育のなかでのうれしい瞬間や悩みを、保育者と保護者とで共有していきましょう。保育者と保護者が同じ意識で子どもたちと向き合うことで、連携を密にします。

今月の保育ピックアップ

子どもの活動

音を楽しむ

劇団公演で、音楽や楽器に触れた子どもたち。遊びのなかに音楽や楽器を取り入れて、子どもたちがそれぞれ感じた音の世界を、楽しみながら表現していきます。

環境構成

じっくりと遊べる環境づくり

保育室の中を区切り、コーナーをつくってじっくりと遊べる環境を整えましょう。遊びに合わせて環境に変化を出せるように、子どもたちの遊びを把握していきましょう。

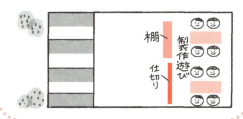

11月のテーマ

おもしろいと感じたことを遊びに取り入れながら、いろいろな友達と関わる楽しさを感じる。

子どもの活動

友達の思いに向き合う経験をする

子どもたちは、遊び込むなかで、友達に自分の思いを伝えようとします。そして、友達にも思いがあることに気づき、その思いに向き合う経験を重ねていきます。

行事

保育参加を通して

保育参加は、子どもたちの今の姿を保護者に知ってもらう絶好の機会です。保護者と課題を共有して、連携して子どもたちと関わっていけるようにしましょう。

11月 月案

前月末の子どもの姿

- 気の合う友達とグループをつくって遊ぶことが多くなる。
- 体験したことを遊びのなかに取り入れて、友達といっしょに工夫して楽しむ姿が見られる。
- 友達に対して口調が強くなってしまい、トラブルになったりすることがある。

	ねらい	子どもの活動内容
養護	◇ウイルス性の病気が増えてくる時期なので、手洗いやうがいなど、健康に気をつけた生活を意識する。 ◇集団生活のなかで、自分のことだけでなく、友達のことも気にかけて過ごそうとする。	◇手洗いやうがい、歯磨きなど、友達と誘い合って身の回りのことを行っていく。 ◇友達が遊んだところの片づけを手伝うなど、自分のこと以外も意識し始める。 
教育	◆友達とのやりとりで、相手の気持ちに気づき、自分の考えや思いを出し、つながりを深める。 ◆ゲームに積極的に参加し、いろいろな友達と楽しむ。 ◆劇団公演で、いろいろな楽器を見たり、音に合わせて体を動かしたりして楽しむ。 ◆園外保育では、動物を見たり、秋の自然に触れたりして楽しむ。 ◆動物などになりきったり、表現したりすることを友達と楽しむ。	◆友達と工夫してお店やさんごっこを楽しんだり、異年齢児との交流を楽しむ。 ◆気の合う友達やクラスの子どもたちと、ルールのある遊びやリズム遊びなどを楽しむ。 ◆楽器を作ったり、楽器を演奏したり、友達と演奏会をしたりして楽しむ。 ◆保育参加では、いろいろな保護者と遊んだり、園のことを教えたりする。 ◆園外保育を楽しみにし、見てきたものや感じたことを遊びのなかで楽しみ、表現していく。 ◆5歳児の生活発表会の予行練習を見て、憧れをもったり、いっしょに遊んだりして楽しむ。
教育活動後の時間	**認定こども園等** ●5歳児の影響を受けながら、自分なりに楽しんだり、友達といっしょに踊ったり表現したりすることを楽しんでいく。 ●バザーで経験したことを遊びに取り入れて遊ぶ。 ●遊びに誘ったり、踊りを見せに行ったりと、乳児クラスとの関わりを深めていく。	●5歳児の生活発表会の雰囲気のなかで、まねしたりいっしょに遊んだりする。 ●劇団公演などで音楽や本物の楽器に触れたり、演奏したりしながら、自分なりに遊びに取り入れて楽しんでいく。 ●乳児クラスで踊りを見てもらうなど、見せたい、喜んでもらいたいという気持ちを大切にしながら過ごしていく。

今月の食育

- バザーでいろいろな食べ物に触れたり、食べることを楽しんだりする。
- バランスよく食べることの大切さを知る。

子育て支援・家庭との連携

- バザーや保育参加で関わって見えた子どもたちの姿を踏まえて保護者に伝えていく。
- 子どもたちが取り組んでいる姿を通して、避難訓練や遊びのなかでの安全面について、保護者が理解を深めていけるように伝えていく。

今月の保育のねらい

- みんなでする遊びに積極的に参加したり、いろいろな友達と関わる楽しさを感じる。
- 友達とのやりとりのなかで、自分の気持ちを伝えたり、相手の気持ちを考えてみようとしたりする。

行事予定

- バザー
- 劇団公演
- 避難訓練
- 父母の会
- 保育参加
- 誕生会
- 園外保育

◇…養護面のねらいや活動　◆…教育面のねらいや活動

保育者の援助と環境構成

◇園外保育などの活動を通して、約束やきまりごとの必要性を子どもたち自身が感じ、守れるようにする。
◇みんなで片づけをして、保育者ばかりでなく子ども同士で意識して手伝う様子を大切にしていく。
◇絵本を使って、感染症などの病気について子どもたちに話をするとともに、状況に応じて、消毒もこまめに行うようにする。

◆お店やさんごっこを楽しめるようにさまざまな素材を用意し、環境を工夫する。
◆子ども同士の会話にしっかりと耳を傾けて、思いが相手に伝わるように援助していく。
◆劇団公演が楽しみになるように話したり、遊びになっていくように楽器を準備したりする。
◆5歳児の生活発表会の雰囲気を感じて、予行練習を見た子どもたちがやってみたいと思った気持ちを遊びにできるように準備する。

- 5歳児の発表会の雰囲気を味わえるように、5歳児クラスの保育者と協力しながら、遊びを見ていく。
- 保育者が劇を行うなど、表現することのおもしろさを広げていく。
- バザーの余韻ややりとりを楽しめるように、遊びの準備をしていく。
- 子どもたちの遊びや経験の広がりを、他の年齢を担当する保育者ともいっしょに考えていく。

保育資料

【うた・リズム遊び】
- 山の音楽家
- やきいもグーチーパー

【自然遊び】
- どんぐり集め

【運動遊び】
- 中当て　・氷鬼
- ドロケイ　・引っ越し鬼

【表現・造形遊び】
- 楽器作り　・人形作り　・劇ごっこ
- どんぐりを使った製作
- 自然物を使ったオーナメント作り
- お店やさんごっこ　・動物園ごっこ

【絵本】
- 14ひきのあきまつり
- まめうしのびっくりなあき

自己評価の視点

子どもの育ちを捉える視点
- 友達とのやりとりのなかで、相手の気持ちに気づけていたか。
- 友達といっしょに工夫して遊びを進められたか。

自らの保育を振り返る視点
- 体験したことを遊びのなかに取り入れられるように、素材を用意したり、環境を工夫したりしたか。
- 相手の気持ちを考えられるように援助していたか。

11月 週案

	第1週	第2週
ねらい	◆自分の考えや思いを伝えて遊ぶなかで、友達とのつながりを深める。 ◆バザーを楽しみにして、友達と買い物をすることを楽しむ。 ◆ゲームに積極的に参加し、いろいろな友達と楽しむ。	◇避難訓練では命の大切さについて考える。 ◆劇団公演で、いろいろな楽器を見たり、音に合わせて体を動かしたりして楽しむ。 ◆保育参加のことを知り、楽しみにする。
活動内容	◆バザーでは、自分で買い物をすることを楽しんだり、いろいろなお店に興味をもったりする。 ◆友達と工夫してお店やさんごっこを楽しんだり、異年齢児との交流を楽しんだりする。 ◆晴れの日は、戸外でのびのびと体を動かして遊ぶ。 ◆友達と気持ちを伝え合いながら遊ぶことを楽しむ。 ◆いろいろな遊びやゲームに積極的に参加し、いろいろな友達と関わることを楽しむ。	◇避難訓練に参加し、保育者の話を聞いて、地震や火事の際に気をつけることについての理解を深める。 ◆劇団公演を楽しみにし、いろいろな楽器を見たり、音楽を聞いたり、音に合わせてリズムをとったりして、友達といっしょに楽しむ。 ◆楽器を作ったり、演奏したり、友達と演奏会をしたりして楽しむ。 ◆保育参加では、いろいろな保護者と遊んだり、園のことを教えたりする。
援助と環境構成	●バザーのお店の紹介をし、当日を楽しみに迎えられるようにする。 ●お店やさんごっこを楽しめるようにさまざまな素材を用意し、環境を工夫する。 ●子ども同士の会話にしっかりと耳を傾けて、思いが相手に伝わるように援助していく。 ●いろいろな遊びやゲームに参加しやすいように、環境を工夫したり言葉をかけたりしていく。 	●劇団公演が楽しみになるように話したり、楽器を準備したりする。 ●楽器を使って遊ぶときに、使い方や片づけ方を伝え、大事に扱わなければならないこともわかるように話していく。 ●避難訓練を行い、大切なこと、守るべきことについて保育室でも子どもたちと考えていく。 ●保育参加では、普段の遊びを保護者もいっしょにできるように、素材をわかりやすい所に出したり、環境を工夫したりしていく。 

認定こども園等

	第1週	第2週
教育活動後の時間	●バザーの余韻のなかで遊び、やりとりを楽しむ。 ●遊びのやりとりのなかで、友達のやりたいことを感じ、おもしろさを知る。	●音楽や楽器に触れて遊ぶことで、新しいおもしろさに触れ、自分なりに工夫して楽しんでいく。 ●乳児クラスなど異年齢児と遊ぶことを楽しむ。
援助と環境構成	●バザーの余韻のなかで遊べるように準備をし、やりとりを楽しむ子どもたちの援助を行う。 ●お店やさんごっこを楽しめるように設定を考える。	●楽器や楽器作りを楽しめるように準備をしていく。 ●乳児の担任と連携を取り、いっしょに過ごしていくなかで楽しめるように考えていく。

◇…養護面のねらいや活動　◆…教育面のねらいや活動

第3週	第4週
◆友達とのやりとりのなかで、相手の気持ちに気づき、考えてみようとする。 ◆園外保育では、秋の自然に触れることを楽しむ。	◆5歳児の生活発表会の予行練習を見に行き、応援したり興味をもったりする。 ◆5歳児に踊りを教えてもらって、交流することを楽しむ。 ◆友達とイメージを共有したり、工夫したりして、遊びを進めていく。
◆友達との関わりを通して相手の気持ちに触れ、自分の気持ちも大切にしていく。そのなかで、いっしょに楽しく過ごしていくためにどうしたらよいかを考える。 ◆園外保育を楽しみにし、見てきた物や感じたことを遊びのなかで楽しんだり、表現したりしていく。 ◆秋の自然を遊びに取り入れていく。 ◆気の合う友達やクラスのみんなと、ルールのある遊びやリズム遊びを楽しむ。	◆5歳児の生活発表会の予行練習を見て、憧れをもったり、いっしょに遊んだりして楽しむ。 ◆遊びのなかで、5歳児に踊りを教えてもらったりするなどの交流を楽しむ。 ◆自分の思いを相手に伝えるとともに、相手の思いや考えにも気づき、受け入れようとしていく。
●園外保育では安全面にも配慮しながら下見を行い、計画を立てる。 ●子どもたちの発見や感じたことを遊びにしたり、絵に描いたりできるように準備する。 ●友達との関係性の広がりや、異年齢児との関わりなどの新しいつながりについて考え、子どもたちの人間関係を把握していく。	●5歳児の生活発表会の雰囲気を感じ、予行練習を見たことで、子どもたちのやってみたいと思う気持ちを遊びに取り入れられるように準備する。 ●なりきったり表現したりすることを楽しめるように環境を整えていく。 ●遊びのなかで、相手の思いにも気づいて考えていけるように援助していく。
●保育者の劇を見て、自分たちでも表現遊びをすることでそのおもしろさを感じていく。 ●戸外に出て体を動かすことを楽しみながら、ルールのある遊びにも触れる。	●5歳児の生活発表会の雰囲気を感じ、踊りを教えてもらったり、いっしょに楽しんだりする。 ●友達とイメージを伝え合うなど、いっしょに遊ぶおもしろさを感じられるように関わり合っていく。
●保育者の劇を企画し、子どもたちが楽しんだり、遊びに取り入れたりしていけるように準備をする。 ●戸外での遊びも楽しめるように声をかけていく。	●5歳児の発表会をきっかけに、踊りや表現を楽しめるように準備していく。 ●友達のイメージが感じられるように、間に入って援助していく。

認定こども園の例

11月 日案
11月15日（木）

前日までの子どもの姿	●劇団公演を見て、楽器で遊ぶ姿が見られる。 ●自分なりにイメージして製作遊びを楽しみ、工夫する様子も見られる。

ねらい	●楽器作りを通して、イメージを形にすることの楽しさを感じられるようにする。	主な活動	●廃材を使った楽器作り

時間	予想される子どもの活動	保育者の援助	環境構成など
8:45	●登園 ・朝の支度をする。	・登園してきた子どもたちと挨拶などの言葉を交わし、子どもたちの遊びだしに関わっていく。	・子どもたちが朝楽しんで遊びだせるよう、遊びのコーナーや素材を用意しておく。
9:00	●自由遊び ・好きな遊びを始めたり、友達と誘い合って遊びだす。 ●片づけ	・片づけの声かけをする。	
10:45	●楽器作り ・席につき、保育者の説明を聞く。 ・それぞれが作りたい楽器をイメージし、それに合った廃材を選ぶ。 ・クラフトテープ、はさみ、輪ゴム、ストローなどの道具や素材を使って作っていく。 ・大きな楽器、小さな楽器、ギターや太鼓などに似た形の物を作る。 ・小さな音が出ることに気づき、耳を近づけて聞く。 ・大きな音を出して、友達と音を鳴らし合って楽しむ。 ・音は鳴っていないが、頭のなかで流れているであろう音に合わせて、作った楽器をたたいている子もいる。	・机を出すなど活動の準備をする。 ・子どもたちが楽器作りを楽しみながらできるように、廃材からどんな音がするか、どんな作り方ができるか話しながら、作り始めの様子を見守る。 ・用意しておいた素材を紹介する。 ・子どもたちがそれぞれ作っている物を紹介しながら、アイデアの交換ができるように声をかけていく。 ・いろいろな形を作ろうとしている子の様子を見ていく。 ・演奏し始めている子どもたちに声をかけ、音楽を流す。 ・子どもたちそれぞれが楽しんでいることを確認する。	・机を6台出し、素材（輪ゴム、ストロー、スズランテープなど）や廃材を並べて出しておく。 ・クラフトテープやはさみなどの道具も出しておく。

時間	予想される子どもの活動	保育者の援助	環境構成など
	・作った楽器を鳴らしていた子に、周りの子も音を合わせて遊び始める。 ・全員が楽器を作り終えたら、音楽に合わせて皆で演奏する。	・楽器を鳴らして遊んでいる子と、まだ作っている子がいるので、机の周りを整理しながら、楽器で遊ぶ子もまだ作っている子も楽しめるよう配慮する。 ・全員が楽器を作り終えたことを確認し、音楽を流してみんなで演奏する。	・机の上の道具や素材を整理しながら、子どもたちが演奏して遊び始めるスペースをつくる。
11:40	●給食 ・給食の準備を始める。 ・「いただきます」の挨拶をする。 ・「ごちそうさま」の挨拶をする。	・机の上の片づけと、給食の準備をするように声かけをする。 ・片づけを手伝いながら、給食の準備ができるようにしていく。	
	●自由遊び ・食べ終わった子どもたちが、楽器作りの続きを始めたり、友達が作っていた楽器を見てアイデアをもらい、新しい物を作っていく。 ・食べ終わった子から園庭やホールで遊ぶ。	・子どもたちの会話のなかに入りながら、楽しんでいたことを共有し、また作れるように準備しておく。 ・給食の片づけを済ませる。 ・保育室以外の遊び場にも様子を見に行き、外遊びをしている子といっしょに過ごす。	・給食を食べ終わった子が作って遊べるように、廃材を出し、机を2台確保する。
13:00	●片づけ		
13:15	●1号認定児帰りの集まり、降園準備 ・作った作品を袋に入れて持ち帰る。 ・帰りの集まりを行う。 ・「さようなら」の挨拶をする。	・片づけの声かけをして、帰りの集まりの準備をする。 ・作品を持ち帰れるように、持ち帰り袋などを渡す。 ・帰りの集まりをする。 ・「さようなら」の挨拶をする。	
13:40	●1号認定児降園		
15:00	●2号認定児自由遊び ●2号認定児おやつ ●自由遊び ●2号認定児降園準備		
15:00〜19:30	●順次降園		

自己評価の視点

● 子どもたちが、作りたい物を自由なイメージで形にしていけるように材料を用意し、友達とも共有できていたか。
● 既存の楽器作りのイメージにとらわれず、子どもたちの頭のなかのイメージも含め、一人ひとりが楽しんでいることに寄り添うことができたか。

月案	p114
週案	p116
日案	p118
保育の展開	p120

子どもの姿と保育のポイント

● イメージを表現する喜び

　秋にさまざまな行事を経験した子どもたち。子ども同士で遊びや活動を進める姿が多く見られるようになってきました。友達と共通のイメージをもって、じっくりと1つのことに取り組む楽しさを味わっています。例えば、5歳児の生活発表会の影響を受けて、友達といっしょに動物や忍者になりきったり、夢中になって踊ったりする姿が見られます。

　また、これまでのさまざまな素材を使った製作遊びなどを通して、子どもたちなりに試行錯誤し、物の扱い方がわかってきています。遊びで必要な物を作るときなど、自分のイメージやアイデアを形にしようと取り組み、思いを実現する喜びを感じている姿が増えてきました。

　保育者は、子どもたちの思いや考え、その子なりのイメージを表現できるよう関わり、実現できたときの喜びが味わえるようにしていきたいですね。

● 行事や季節感をみんなで楽しむ

　この時期ならではのお楽しみがたくさんある12月！　特にクリスマスに向けて、飾りを作ったり、ツリーを飾ったりして雰囲気を味わいます。サンタクロースの話題で盛り上がるなど、子どもたちは大騒ぎの毎日。わくわくしながら、友達とイメージを共有してクリスマスに向かっていくことで、想像が広がり、期待も高まっていきます。行事当日だけでなく、遊びや当日までの過程も大切に保育を考えていきたいですね。

● 友達の気持ちをわかってきているけれど…

　自分の気持ちが伝えられるようになり、友達の気持ちもわかってくる時期です。しかし、まだ自分の思いが強く出てしまい、トラブルになることもあります。保育者が間に入って、互いの気持ちを伝え合えるようにしましょう。

今月の保育ピックアップ

新要領・新指針の視点で

環境構成
興味をもったことに取り組める環境を用意

子どもたちが興味、関心をもったことにじっくりと取り組み、自分たちのイメージを実現できるような環境を考えましょう。

子どもの活動
冬の戸外遊び

寒さが厳しくなり、吐く息が白くなったり、霜柱を見つけたりして、子どもたちは冬を感じています。寒さに負けず、戸外で体を動かして遊ぶ楽しさを味わえるようにしたいですね。

12月のテーマ
自分の気持ちや考えを表現し、友達との関わりを楽しみながら遊ぶ。

保育者の援助
様子を見守りながら援助を

相手にも気持ちがあることはわかっていても、自分の思いが強く出てトラブルになってしまうことも…。保育者は子どもたちが互いの気持ちを伝えられるように間に入ったり、相手の気持ちを考えられるように様子を見守ったりして援助していきます。

これもおさえたい！
1年の終わりの月

年末の雰囲気を感じながら、子どもたちと大掃除に取り組んだり、園内の環境を工夫したりしていきます。

12月 月案

前月末の子どもの姿

- いろいろな友達と関わり、やりとりをするなかで、なりきって遊んだり表現したりすることを楽しんでいる。
- ルールのある遊びを楽しむ姿もあるが、ルールが理解できずにいる子どももいる。

	ねらい	子どもの活動内容
養護	◇室内外の気温差や活動に応じて、自分で気づいたり友達の姿を見ながら、衣服の調整などを行い、健康に過ごせるようになる。 ◇寒さに負けず、体を動かして遊ぶ。 ◇季節の変化や自然の変化に関心をもつ。	◇冬の自然に触れて観察したり、体を動かして遊んだりすることを楽しむ。 ◇ルールのある遊びを保育者や友達とやってみるなかで、遊びながらルールを知っていくとともに、友達と関わりながら体を動かす楽しさを味わう。
教育	◆友達と思いや考えを伝え合いながら、共通のイメージをもって表現したり、なりきったりして遊ぶことを楽しむ。 ◆いろいろな遊びに興味をもち、自分なりに挑戦しようとする。 ◆見たことや感じたことをさまざまな方法で表現する楽しさを味わう。	◆友達との関わりのなかで、互いの考えや思いを言葉で伝え合い、相手の気持ちを考えながら、いっしょに遊びや活動を進めていく楽しさを感じる。 ◆手洗い、うがいの大切さを理解して、自分からやろうとする。 ◆クリスマスや年末の雰囲気を味わい、友達とイメージを共有して楽しむ。 ◆年長児の生活発表会に刺激を受け、憧れの気持ちをもちながら、踊ったり表現したりすることを楽しむ。
教育活動後の時間	**認定こども園等** ●友達と遊ぶ楽しさを味わいながら、遊びのルールや相手の思いも受け入れて、いっしょに遊びを進めていく楽しさを感じる。	●さまざまな素材や道具を適切に使い、経験したり想像したりしたことを、絵に描いたり作ったりして楽しむ。

今月の食育

- クリスマスパーティーでは、自分たちでパーティーを準備したり、冬野菜を使った簡単な調理をして友達と食べたりすることを楽しむ。

子育て支援・家庭との連携

- 2学期での子どもたちの成長した面などを、懇談会で伝える。
- 保護者同士が子どもの成長を共有できる場、普段の悩みを話せる場として、懇談会を活用する。

今月の保育のねらい

- 普段の遊びを大切にしながら、この時期ならではの行事や季節感をみんなで楽しむ。
- 友達との関わりのなかで、相手の気持ちを考えながら自分の気持ちを伝え、いっしょに遊びを進めていく楽しさを味わう。

行事予定

- 誕生会
- クリスマスパーティー
- クリスマス会
- 大掃除
- 納めの会
- 避難訓練

◇…養護面のねらいや活動　◆…教育面のねらいや活動

保育者の援助と環境構成

◇手洗いやうがい、衣服調整によって、かぜなどの感染症予防を心がける。子どもたちにも声をかけ、感染症予防を意識できるようにする。

◆友達の気持ちを考えられるように、保育者もいっしょに遊びに入りながら、考えたり言葉をかけたりしていく。
◆やりとりを重ねるなかで、互いのよさを知り認め合えるように、一人ひとりのよさを表現する場をつくっていく。
◆子どもたちのやりたいことのイメージが実現するように、環境設定を行う。
◆子どものイメージを大切にし、この時期ならではの製作など、自分なりのイメージを形にできるよう関わり、充実感を味わえるようにする。
◆冬ならではの遊びをじっくりと楽しめるように、素材を出したり、自然に触れられるようにしたりする。

- 冬の自然事象に興味がもてるよう関わり、遊びに取り入れて楽しめるようにする。

保育資料

【うた・リズム遊び】
- サンタはいまごろ
- メリークリスマス
- 赤鼻のトナカイ
- お正月

【自然遊び】
- 冬の自然や植物の観察

【運動遊び】
- 縄跳び　・大縄　・鉄棒
- 鬼ごっこ　・ドロケイ
- だるまさんがころんだ

【表現・造形遊び】
- 松ぼっくりツリー作り
- 落ち葉を使った製作
- クリスマス製作（クリスマスツリー、クリスマスツリーの飾り作り）
- なりきり遊び

【絵本】
- あのね、サンタの国ではね…
- クリスマスってなあに

自己評価の視点

子どもの育ちを捉える視点
- 一つひとつの行事を、友達といっしょに楽しめていたか。
- 遊びのなかで、相手の気持ちを考えて、自分の気持ちを言えていたか。

自らの保育を振り返る視点
- 行事が楽しめるように環境を工夫したり、声をかけたりできたか。
- 相手の気持ちを考えられるように声をかけたり、援助したりできたか。

12月 週案

	第1週	第2週
ねらい	◆友達と共通のイメージをもって遊ぶ楽しさを味わう。 ◆友達と遊びを進めるなかで、友達の気持ちを考えながら、自分の気持ちを伝えてみる。 ◆友達とイメージを出し合って遊ぶことを楽しむ。	◆冬の自然や行事に関心をもつ。 ◆クリスマス会を楽しみにし、保育室内の飾りつけをする。 ◆ルールのある遊びに積極的に参加し、友達と楽しむ。
活動内容	◆友達と共通のイメージをもって表現したり、なりきったりして、遊ぶことを楽しむ。 ◆友達の気持ちを考えながら、自分の気持ちも伝え、遊びを進めていく。 ◆5歳児の生活発表会の余韻から、影響を受けてやってみようとしたり、自分たちで遊びの場や必要な物を作ったりしながら、友達とイメージを出し合って遊ぶ。 ◆鬼ごっこ、縄跳び、鉄棒などいろいろなことに挑戦し、体を十分に動かす。	◆園庭で氷を見つけたり、霜を集めたりして遊ぶ。 ◆絵本や歌を楽しみながら、友達といっしょにクリスマスに向けての雰囲気を味わう。 ◆毛糸でマフラーを作ったり、オーナメントを作ったりして楽しむ。 ◆ルールのある遊びを友達といっしょにし、遊びながらルールを知っていく。
援助と環境構成	●保育者も遊びに参加し、子どもたちのイメージを大切にして、より楽しくするにはどうしたらよいか考えたり、子どもたちのイメージが実現するような材料や方法を準備したりする。 ●友達の気持ちを考えられるように、保育者もいっしょに考えて、言葉をかけていく。 ●いろいろなことに挑戦できるように誘ったり、やりたくなるような環境をつくったりしていく。	●冬ならではの遊びをじっくりと楽しめるように素材を出したり、保育者もいっしょに作ったりしながら、少しずつ友達同士で教え合えるようにしていく。 ●クリスマスについて話をし、雰囲気を味わいながらクリスマス製作や飾りつけを楽しんで行えるよう、さまざまな素材を用意したり環境を整える。 ●クリスマス会を子どもたちと楽しんで行えるようにする。調理の際はやけどなどに気をつけ、衛生面にも配慮していく。

認定こども園等

	第1週	第2週
教育活動後の時間	●手洗い、うがいを意識し、感染症予防を心がける。 ●いろいろな友達と、思いや考えを伝え合ったり、聞いたりしながら遊ぶ。	●冬の自然に興味をもち、いろいろな友達と楽しさを共有する。 ●さまざまな素材を使って、自分のイメージを形にしていく楽しさを味わう。
援助と環境構成	●子どもたちがやりたい遊びを十分にできるような環境設定を考えたり、いろいろな友達と関わって遊べるよう声をかけたりする。	●子どもたちのイメージが広がったり、実現できるよう、保育者もいっしょに遊びや製作に取り組んだり、おもしろさを味わえるようにする。

◇…養護面のねらいや活動　◆…教育面のねらいや活動

第3週	第4週〈預かり保育〉
◇大掃除や片づけなどの活動を通して、2学期や1年の終わりを知る。 ◇クリスマスや正月、冬休みを楽しみに生活する。 ◆友達といっしょに、クリスマス会の準備をして楽しむ。	◇生活の場をきれいにして、新しい年を迎える準備をする。 ◆冬休みの預かり保育の生活に慣れて、好きな遊びをして楽しむ。
◇冬休みや正月が来ることを知り、自分のロッカーや道具箱などの整理をしたり、保育室を大掃除したりする。 ◆クリスマス会でサンタクロースを迎える準備をしたり、クラスの飾りつけをしたりして、楽しみにする。 ◆クリスマス会に参加し、5歳児のキャンドルを静かに見て、クリスマスの雰囲気を味わう。 ◆冬休みの話をしたり、年末年始の生活や遊びに興味をもったりして、冬休みを楽しみにする。	◇年末の雰囲気を感じながら、遊んだ物や保育室の整理をして、気持ちよく新年を迎える準備をする。 ◆寒さに負けず、友達とサッカーや鬼ごっこなどをして、体を温めながら遊んだり、散歩に出かけて、冬の自然に触れたりする。 ◆いつもとは違った環境、保育者や友達のなかで、いっしょに遊んだり、交流を楽しんだりしていく。 ◆毛糸遊びやかるた、トランプなど、友達とじっくりと遊ぶことを楽しむ。
●クリスマスの雰囲気を味わいながら、サンタクロースを心待ちにしている子どもたちの気持ちを大切に、保育者もその気持ちに共感していっしょに盛り上げていく。 ●大掃除の意味を伝えながら、新しい年を気持ちよく迎えられるように、自分のロッカーや共有の物をきれいに整える機会をもつ。 ●冬休みを楽しみにしながらも、友達と過ごす心地よさを存分に味わい、3学期が楽しみになるように関わっていく。	●預かり保育となり、環境が変わることで不安になる子がいる場合には、遊びやすいよう素材を出したり、声をかけたりと配慮する。 ●近くの公園に出かけ、冬の植物や自然の様子を観察したり、体を動かしたりしながら、戸外でも遊べるように関わっていく。 ●保育時間が長い子もいるので、カードゲームやかるた、トランプなどをゆったりと楽しめるような時間を大切にして、環境を準備する。
●クリスマスのイメージや夢を膨らませながら、いろいろな友達と情報を交換し楽しみにする。 ●友達といっしょに、イメージを共有しながら、ごっこ遊びをする楽しさを味わう。	●家庭のような雰囲気を大切に、異年齢児との交流や、ゆったりできるスペースや遊びを楽しみながら過ごす。
●友達とやりとりをしながら遊ぶ姿を認め、一人ひとりの思いに気づけるように声をかけたり、子どもたちが自分の思いを伝えられるように関わる。	●街のイルミネーションを見に行ったり、お正月がくる雰囲気を味わったりして、新年を迎える準備を子どもたちともできるように関わる。

認定こども園の例

12月11日(火)

前日までの子どもの姿	●ツリーを作ったり部屋を飾りつけたりして、クリスマスを心待ちにしている。 ●さまざまな素材を使って、製作を楽しんだり、自分なりのイメージを表現しようとしたりする姿が見られる。
ねらい	●自分なりのイメージでクリスマスの飾りを作る。
主な活動	●クリスマスの飾り製作

時間	予想される子どもの活動	保育者の援助	環境構成など
8:45	●登園 ・朝の支度をする。	・子どもたちに挨拶をしながら、健康状態を確認する。	
9:00	●自由遊び ・室内や園庭で好きな遊びをする(三輪車、固定遊具、大縄、縄跳び、ままごと、積み木)。 ●クリスマスの飾り製作 ・折り紙や写し絵、自然物をツリーに飾りつけする。 ・自分だけのクリスマス飾りとして、段ボール板の切れ端を組み合わせて、さまざまな形のリースのような物を作る。	・子どもたちがそれぞれのイメージを表現して、作りたくなるような環境を考え、工夫していく。 ・子どもたちが作った飾りを、子どもたちから見えるように飾っていく。 ・クリスマスに向けて気持ちが盛り上がっていくなかで、子どもたちが自分の好きなときに、好きなペースで飾り作りに取り組めるような援助を行う。	・遊びたくなる環境を整える。 ・いろいろな素材を準備しておく(折り紙、コピー用紙、どんぐりや落ち葉などの自然物、段ボール板の切れ端など)。 ・木工用接着剤、絵の具なども子どもたちが使いやすいように用意しておく。
10:45	●片づけ ・片づけをする。 ・トイレを済ませる。		

時間	予想される子どもの活動	保育者の援助	環境構成など
11:00	●集まり、絵本を見る ・クリスマスの歌をうたう。 ・保育者の話を聞き、友達が作った飾りを見て、いろいろなアイデアがあることを知る。	・絵本を読む。 ・子どもたちの作った飾りを紹介し、いろいろなアイデアがあること、さまざまな素材が使われていることを伝えていく。	・絵本を選んでおく。
11:30	●給食 ・給食の準備をする。 ・「いただきます」の挨拶をする。	・給食の準備をするよう促す。	
12:15	●自由遊び ・給食のあとも、クリスマスの飾り作りなどの製作に取り組めるようにする。 ・友達の作った物を見ることで、自分の作りたい物のイメージが湧いてきて、さらに作ろうとする姿が見られる。	・なかなかイメージを形にできない子にじっくりとつき合いながら、子どもたちが作りたい物が作れるよう、引き続き援助、配慮をしていく。 ・だんだんと子どもたちの作った飾りが増えて、にぎやかになってきたことを子どもたちといっしょに味わいながら、クリスマス会が楽しみになるように過ごしていく。	
13:00	●片づけ	・片づけの声かけをする。	
13:15	●1号認定児帰りの集まり、降園準備		
13:40	●1号認定児降園		
15:00	●2号認定児自由遊び ●2号認定児おやつ ●自由遊び ●2号認定児降園準備		
15:00〜19:30	●順次降園		

自己評価の視点

● 子どもたちが、クリスマスに向けてやってみたい、作ってみたい、という気持ちをもって製作活動が進められていたか。
● 子どもたち一人ひとりが興味をもち、イメージを表現しながら楽しくできる活動になっていたか。

9・10・11・12月　保育の展開

運動会

子どもの興味に沿った運動会

子どもたちが夢中になって楽しめる！　そんな運動会にしていきたいですね。
普段の遊びから種目を考えるなど、子どもたちの興味に沿った内容にしていきます。

運動会に向けた配慮

　運動会を楽しみにする子がいる一方で、普段と違う環境への戸惑いや恥ずかしさ、緊張感などから、楽しみにできない子もいます。一人ひとりができることを見つけ、1つでも「楽しい」「がんばろう」と自信をもって、運動会当日が楽しみにできるようにしたいですね。
　当日までの過程を大切にしていきましょう。友達やクラスを意識し、みんなで考えて意見を出し合う機会をつくり、力を合わせてできた達成感を得られるようにしていきます。

子どもたちの思いを保護者に伝える

　保護者に運動会当日の子どもの姿だけを見てもらうのではなく、子どもたちがどこをおもしろいと感じているのか、どんな葛藤をしているのか…など、当日を迎えるまでの過程を伝えていきたいですね。保護者が子どもたちと同じ気持ちで運動会に参加し、応援できるようにしていきましょう。

1か月前　子どもたちが好きなことや楽しんでいることを遊びのなかで探る

　運動会の種目は、子どもたちがどれだけ夢中になって楽しめるかが大切。そのため、子どもたちの普段の姿からかけ離れた内容ではなく、身近な遊びから種目を考えていきましょう。
　種目を決める前に、まずは普段の子どもたちの遊びに目を向けます。そこに保育者も入ってとことん遊び、楽しさに共感していくことが重要です。子どもたちが、どんなことが好きなのかをあらためて知り、視野を広げていきましょう。

🌸 2〜3週間前　子どもたちが楽しんでできることを考え、実際に遊びのなかでもやってみる

　子どもたちの普段の遊びからヒントをもらい、できそうなことを考えてみましょう。（走ること→かけっこ、踊り→学年みんなでの踊り、ひっぱり合いっこ→綱引きなど）

　普段の遊びから考えると、子どもたちも身近に感じて、「これならやってみたい！」と思えるでしょう。やり方を１つに固定してしまうと、子どもたちのイメージとずれてしまうことがあります。子どもたちが楽しいと感じることを思い切りできるように、柔軟にやり方を変えていくことも必要です。

　また、異年齢児たちが運動会に向けて行っている競技を見たり、自分たちも参加したりして、刺激を受けるのもよい経験になります。

🌸 1週間前〜運動会前日　種目の内容を具体的に決め、当日を予想して練習する

　種目が決まったら、クラスや同年齢の子と練習してみましょう。クラス対抗種目などは、子どもたちの様子からルールを変えたり、クラスでも作戦を考えられるように保育者からも投げかけたりしましょう。子どもたちが、少しずつクラスを意識するようになったり、「友達と力を合わせるとすごいことができる」という実感がもてたりするようにしていきます。

　担任だけでなく、フリーの保育者にも見てもらいましょう。異なる視点や子どもの姿に気づくことができるので、連携していきます。

🌸 運動会後の活動や設定

　運動会終了後も、運動会の種目を遊びのなかで自由に楽しめるよう、運動会で使った道具を子どもたちが自分で出し入れできるような環境にしておきます。

　運動会を通して、子どもたちはクラスという集団を意識し始めます。保育者は、友達同士で声をかけ合って遊べるような雰囲気をいっしょにつくっていきましょう。

9・10・11・12月 保育の展開

保育参加

保護者との連携を深める保育参加

保育に参加してもらうことで、園での子どもの姿を保護者に伝えていきます。
家庭と連携しながら、保育者と保護者がいっしょに子どもたちのことを考えていきます。

1 保育を体験する保育参加

当園では、普段の園の様子や遊び、子どもたちの姿を保護者に知ってもらう機会として、「保育参加」を実施しています。「お母さん・お父さん先生」になって、保育体験をする保護者参加型の行事です。なにか特別なことを見せるよりも、普段のありのままの姿を見たり感じたりして、いっしょに園やクラスの雰囲気を味わってもらいます（1日2〜3人ずつ、1か月程度の期間をとります）。

2 保護者に知ってほしい子どもたちの姿

●子どもたちの世界
　子どもたちが楽しんでいること、その時期にしている遊びを見てもらいます。また、自分の子どもだけではなく、ほかの子どもたちとの関わりを通じて、子どもたちの友達関係を知ってもらいましょう。

●クラス活動の様子
　運動会後、子どもたちは、クラスの仲間意識が強くなるなど、友達関係にも変化が見られます。みんなで行う活動の楽しさを味わっている姿を見てもらいます。

●時にはけんかやトラブルも・・・
　けんかを子どもたちだけで解決するのは難しいことも多い時期です。保育者が、子どもたちがお互いの思いを知り、葛藤しながらも関係を築いていく姿を大切にしているということを伝えていきます。

3 園生活やその日の流れを伝える

その日、大切にしたいことや主な活動、子どもたちがしている遊びなどを紙に書いて貼っておき、保護者にスムーズに伝わるようにします。

4 保護者と子どもとのやりとりを大切に

子どもたちも、だれの保護者が来るのか楽しみにしているようです。来園した保護者にインタビューをするなどして、子どもたちとのやりとりも大切にしていきます。やりとりを通して、子どもたちの成長を感じてもらいましょう。

5 保護者も参加しやすい遊びやコーナー

　子どもたちとすぐに遊び始められる保護者がいる一方で、なにをしたらいいのかわからずにいる保護者もいます。「こんなこともしていますよ」と声をかけたり、子どもたちのしている遊びに誘ったりして、保護者の方もいっしょに楽しめるようにしていきましょう。小麦粉粘土などを作って遊ぶほか、オーブントースターを使ってペットボトルビーズを作ったりするなど、大人がいるからこそできる遊びも取り入れます。時には、園外に行くのもよいでしょう。

6 保育参加後の活動

　その日の感想や気になったことを話したり、紙に感想を書いてもらったりします。
　また、後日の懇談会では、クラスの保護者全員で、保育参加で実際に見た子どもたちの様子を話し合い、今の姿を共有する場を設けます。このとき、保護者同士が子育ての悩みなどを相談し合えるとよいですね。

7 保護者との連携をさらに深める

　子どもたちが自己を発揮し、ぶつかり合いが多い時期。子どもたちが相手との思いの違いに悩んだり葛藤したりして、うまくいかない気持ちが家でも見られることがあります。保育参加後も家庭と連携を深め、子どもたちの様子や気持ちをていねいに見守り、関わっていくことが必要です。

●個人面談
　10～11月ごろ、個人面談を実施します。保護者に園に来てもらい、面談を行って、一人ひとりの成長や課題などを伝えます。

●連絡帳、電話などの活用
　子どもがバス通園のため、登園・降園時に保護者と直接話ができないときには、連絡帳を活用したり、電話で話したりして、保護者と連携を図っていきます。

●家庭での子どもたちの姿を聞く
　家庭での子どもたちの様子や姿を保護者から聞きながら、子どもたちのことをいっしょに考え、保護者との連携をさらに深めていきましょう。

9・10・11・12月 保育の展開

前後の活動も楽しい！ さつまいも掘り

秋の気持ちのよい気候のなかでのさつまいも掘り。子どもたちは「たくさん掘りたい！」と楽しみにしています。たくさんの発見ができるよう関わりましょう。

1 さつまいも掘りの活動や設定

「さつまいもはどうやって育つの？」「畑の中はどうなっているの？」と、子どもたちが興味をもって考え、さつまいも掘りを楽しみにできるようにしていきます。

下見の際に写真を撮ってきたり、つるを持ち帰って見せて、触れるようにしたりするなど、当日に向けて子どもたちの気持ちを盛り上げていきましょう。

2 当日の様子

子どもたちは、土の中のさつまいもの大きさや形、いくつ埋まっているのかなど、さまざまなことを思い浮かべながら掘り始めます。保育者は掘る過程や掘り出した瞬間の反応など、子どもたちが感じていることを大切にして関わっていきましょう。子どもたちが実際にさつまいもを手にして知ることや、自分の力でつるを引っ張ったり、友達とも協力して共に喜んだりしていくことを大切にしましょう。

3 自分で掘ったさつまいもを食べる

掘ったさつまいもは焼きいもにします。みんなでさつまいもを洗って、新聞紙とアルミホイルで包みます。子どもたちは、焼きあがるのを何度も見に行ったりして、待ちきれない様子です。

できたてほかほかの焼きいもを食べながら、自分たちでがんばったことやみんなで食べておいしいという気持ちが味わえるようにしたいですね。

4 さつまいも掘り後の活動や設定

さつまいもでスタンプを作って、いろいろな形の跡になるのを楽しんだり、さつまいも自体の形を見立てて製作遊びをしてみるのもよいでしょう。少し気が早いですが、子どもたちとつるを編んで、リースの形にして乾かしておくのもクリスマスのリース作りに向けた楽しみが増えてすてきです。

「食」への興味を引き出す栽培活動

食育

給食やお弁当を食べるなかで見えてくる子どもたちの好き嫌い。子どもたちが育てて、見て、触って、口に入れて楽しみながら、苦手な食べ物にも親しめるようにしましょう。

「食」に親しみをもてる活動を

食べることが「楽しい」「うれしい」ということを、子どもたちに一番に感じてほしいですね。残さず食べる、苦手な食べ物に挑戦するということ以上に、食べ物に興味をもったり、栽培やクッキングの経験を通して「食」に親しみを感じたりできるようにしましょう。

野菜を育ててみよう！

野菜を栽培するなかでの発見を大切にします。子どもたちが生長の変化を楽しめたり、新しい発見ができたりするような野菜を選びます。3歳児クラスでも栽培を経験しているなら、その経験をふまえ、季節に合わせて新しい野菜やちょっと違った植物に挑戦してみてもよいでしょう。自分で育てた野菜には愛着が芽生え、苦手でも口に運ぶ子どもたちの姿も見られるでしょう。

●栽培におすすめ、「きゅうり」

大きさの変化、形の違い、食感など、子どもたちが発見をしながら、大事に育てていきやすい野菜です。種類によっては白いものがあったり、実が小さいうちに容器に入れておくといろいろな形がつくれたりもします。また、食べ方や味を子どもたちと考えるのも楽しいです。

料理して食べてみよう！

さつまいも掘りで採ってきたさつまいもで、クッキングに挑戦してみましょう。スイートポテトや甘煮にしたり、子どもといっしょに巾着にしたり…。楽しみながら作って、みんなで食べられる機会を大切にします。クッキングは、子どもが刃物を扱う場合もあります。試作をして、安全に配慮した計画を立てたうえで、保育のなかに取り入れていきましょう。

食べること以外の活動

実際に食べること以外の活動でも、子どもたちが「食」に興味をもてるようにしていきましょう。食べ物や栄養について、絵本や紙芝居などを使って、子どもたちが楽しめるように伝えていくのもよいと思います。子どもたちは食べ物が体の中でどうなっていくかに興味津々です。

9・10・11・12月 保育の展開

9・10・11・12月　保育の展開

安全　子どもたちと自分の命を守る〜防災〜

地震や火災、不審者対応など、保育者は園内でも訓練を行い、万が一に備えて、どうやって子どもたちと自分の命を守るのかを考えておかなくてはなりません。

❀ 消防署と協力して訓練をしよう

毎月行う避難訓練に加えて、通報訓練を行いましょう。消防署の方々に協力してもらい、避難訓練の大切さ、災害の怖さについて教えてもらう機会をつくれるとよいですね。保育者自身も消火器を使った訓練をするなど、どういう意識で取り組むのかを考えていきましょう。

●消防車
消防署の方々が乗って来た消防車を見せてもらいましょう。子どもたちが興味をもっていろいろなことを知れるように、聞きたいことを保育者がいっしょに考えて質問してみるのもよいですね。

●煙ハウス
火災の際には煙に気をつけなければいけません。実際に煙の中を通る体験ができるとよいでしょう。

❀ さまざまなことをシミュレーションしておこう

●保育者が防災意識を高める
子どもたちの命を守るためにも、保育者が自分の命を守ることも大切にしましょう。また、園の避難経路、防災グッズなども普段から定期的に確認しましょう。保育者が防災意識を高くしておくことが一番の備えとなります。

●保護者との連携
災害発生時、保護者にどう連絡をして、子どもたちをどう引き渡すのかも重要です。緊急連絡網、一斉送信メールシステム、緊急時引き渡し表など、災害時を想定した準備を園としても行いましょう。

●園バスの乗車中
園バスに添乗しているときに地震が起こる可能性があります。子どもたちの安全を守り、どのように対処するのか判断をするのも保育者の大切な役目です。どこにいるのか、なにを優先したらよいのか、園に連絡はとれるのか…など、さまざまなことを考えなければなりません。災害を想定すると特に注意すべき状況の1つです。園で話し合っておきましょう。

子どものけがを防ぐ環境と配慮

チャレンジ精神が旺盛な子どもたち。一方で自分の力を過信し、けがにつながるケースも見られます。大きなけがのないように、環境を見直していきましょう。

「やってみたい」という気持ちを大切に

2学期の子どもたちは、「できる」「やりたい」という気持ちが大きくなる反面、自分の力を過信しがちです。身体能力的におよばず、けがをしてしまうこともあるので、保育者の安全への十分な配慮が必要です。子どもたちの「やってみたい」という気持ちを大切にしながら、安全に配慮をした環境のなかで、体を動かして遊べるようにしていきましょう。高さなどの安全面に気をつけたうえで、挑戦系の遊びを提案したいですね（右イラスト参照）。木登りやアスレチック、高さのある場所からのジャンプなども楽しめます。

物の扱い方を伝える

便利な道具も、使い方によっては危険な場合があります。例えば、「はさみは刃を人の方へ向けないこと」「縄跳びは、周りに人がいないか気をつけ、首や足に巻きつけて遊ばないよう注意すること」など、子どもたちに安全な使い方を伝えていきます。

安全への意識を高める

なにかにチャレンジするときや、はさみなどの刃物を扱うときなど、「危険性のあることをしている」と子ども自身が理解していますか？ 保育者が、子ども自身が意識できるよう、声をかけていきましょう。保育者の判断力と意識が重要になります。

また、職員間で、情報共有を積極的に行いましょう。子どもたちの遊び方や道具の扱い方に問題がないか、意識を高めていきます。

※横に保育者が立ち、危険がないようサポートしましょう。

けがをしたときは…

●状況判断
どこでどのようにけがをしたのか確認します。けがをした子の話を聞くとともに、周りで見ていた子がいなかったか確認します。本人の話だけで判断しないようにしましょう。

●状況把握や処置
子どもの状況を把握し、緊急性を判断します。園での処置で十分な場合は、きれいな水で洗ったり冷やしたりするなど、けがに応じた処置を行います。緊急の場合の段取りについては事前に話し合って決めておきます。保護者への連絡方法なども決めておきましょう。

9・10・11・12月　保育の展開

127

月案	p130
週案	p132
日案	p134
保育の展開	p152

子どもの姿と保育のポイント

お正月ならではの遊び

　この頃の4歳児は、休み明けでも生活リズムを崩すことが少なく、すんなりと活動に入れます。とはいえ、お正月明けでリズムを崩している子がいる場合もあるので、注意しましょう。

　1月は、お正月ならではの遊びとして、こま回し、かるた、たこ揚げ、羽根つき、だるま落としなどを楽しめる環境づくりをするとよいでしょう。ルールがわかってくると、かるたでは文字の読める子が読み手になって遊ぶなど、子ども同士で遊びを進めていきます。こま回しでは、種類の違うこま（缶ごま、木ごま、鉄ごま）を回せるよう何度も挑戦したり、誰が一番回せるのか競争したりします。手に載せて回すなどの新しい技に挑戦し、友達同士で刺激し合いながら、継続して楽しむ姿も見られます。

表現することを楽しむ

　生活発表会の活動などを通して、普段の遊びのなかでも、表現することを楽しむ姿が見られます。ごっこ遊びで役になりきり、友達と言葉でのやりとりをするなど、みんなで1つのことに向けて取り組む楽しさを味わっていきます。動物の耳やしっぽのように、自分の役に必要な物を作ろうとする場面も出てくるでしょう。子どものイメージを実現できるよう、保育者の準備も欠かせません。

　生活発表会当日だけではなく、その過程も大切にしたいですね。予行練習では、異年齢児に、お客さんになってもらうのもおすすめです。お客さんの反応を見たり、うれしい感想を聞いたりすることで、より表現を楽しめるようになります。また、自分たちで3歳児に生活発表会の踊りを教えにいく姿も見られます。異年齢児との関わりは、表現を楽しむためのよい刺激となります。

今月の保育ピックアップ

保育者の援助

5歳児との交流を楽しもう

5歳児と交流する機会をもてるようにします。子どもたちが5歳児のまねをしたり、そこに自分ならではのアイデアを入れられたりするよう、保育者は関わっていきましょう。

子どもの活動

冬の自然に触れる

気温が低くなり、霜柱ができたり、雪が降ったりする時期。氷作りなど、冬ならではの遊びで楽しみます。氷の上は滑ることなど、氷の特性も子どもたちに伝え、安全にも注意して遊びます。

1月のテーマ

正月遊びなど、
季節ならではの遊びを
友達と楽しむ。

保育者の援助

文字への興味

年賀状のやりとりやかるた遊びを通して、文字に興味をもつ子が増えてきます。子どもたちが文字に興味をもつタイミングに合わせて、手紙を書いたり、絵本を読んだりといった文字遊びを取り入れましょう。

行事

節分に向けて

2月3日の節分に向けて、自分のなかにいる鬼について考える機会をもちます。苦手なことや挑戦したいことについて考えるきっかけとなり、節分当日に鬼を退治できた経験が自信につながっていってほしいですね。

前月末の子どもの姿

- 友達とイメージを合わせて、遊びを継続して楽しんでいる。
- いろいろなことに挑戦し、今までできなかったこと（縄跳び、鉄棒、泥だんご、折り紙など）が少しずつできるようになってきている。
- 多くの友達との関わりや、異年齢児との交流を楽しんでいる。

	ねらい	子どもの活動内容
養護	◇寒い冬を健康に過ごす。 ◇戸外に進んで出て、寒さに負けず体を十分に動かして遊ぶ。	◇手洗い、うがいなどを、子どもたち自身が必要だと感じて行う。 ◇体を動かすと体が温まることを知って、戸外で思い切り走るなど体を動かすことを楽しむ。
教育	◆正月遊びに興味をもち、友達といっしょに楽しむ。 ◆冬の自然に親しみ、見たり触れたりして、遊びに取り入れる。 ◆遊びや生活発表会の活動に取り組むなかで、自分の気持ちを伝えたり、友達の気持ちを聞いたりして、話し合って進めていく。 ◆異年齢児との交流を深め、刺激し合う。 ◆生活発表会の予行練習に参加し、友達といっしょに表現する楽しさを感じる。	◆正月遊びや伝承遊びなどのルールを知りながら、友達といっしょに遊んだり、すごろくやかるたなどを自分たちで作って楽しんだりする。 ◆氷を作ったり、霜柱、息の白さなどの冬の自然の美しさ、おもしろさに気づいたり、触れたりして遊ぶ。 ◆友達と相談しながら、クラスのみんなで１つのことに取り組んだり、力を合わせたりすることの大切さを知り、楽しさや達成感を分かち合う。 ◆5歳児クラスのお店やさんに買い物に行くことを楽しみ、5歳児への憧れの気持ちを感じ、自分たちの遊びに取り入れていく。 ◆生活発表会の予行練習に参加し、見てもらうことのうれしさや、表現することの楽しさを感じる。

教育活動後の時間

認定こども園等

	●基本的な生活習慣を再確認し、見通しをもって生活する。	●年末に経験したことを遊びで楽しんだり、気の合う友達といっしょに楽しむ。 

今月の食育

- おせち料理の意味、七草がゆの名前、餅の種類などを、日本の伝統として伝えていく。
- 餅つきを通して、米から餅になることを知り、友達と餅を食べることを楽しむ。
- バター作りを楽しみ、乳製品について知っていく。

子育て支援・家庭との連携

- 体調を崩しやすい時期なので、少しでも具合が悪そうであれば、保護者と連絡をとりながら子どもたちの様子を見ていく。
- 保護者に来てもらい、いっしょに餅つきの雰囲気を楽しみ、餅を丸めてもらうなどして、感謝の気持ちをもつ。

今月の保育のねらい

- 正月遊びなど、季節ならではの遊びを、友達といっしょに楽しむ。
- 普段の遊びや生活発表会の活動を通して、自分らしく表現したり、友達の表現のおもしろさを認め合ったりしながら、みんなで1つのことに取り組む楽しさを味わう。

行事予定

- 始業式　　● 誕生会　　● 餅つき
- 避難訓練　● 身体測定
- 5歳児のお店やさんごっこ
- 生活発表会予行練習

◇…養護面のねらいや活動　　◆…教育面のねらいや活動

保育者の援助と環境構成

◇ かぜなどが流行しやすい時期なので、室内の湿度に注意したり、換気をこまめに行ったりする。
◇ 冬の寒さや冬ならではの自然のおもしろさに気づくように言葉がけをしたり、気づいたことを他の子どもたちにも伝えたりして、戸外に出ることの楽しさが広がっていくようにする。

◆ 正月遊びが楽しめるように準備したり、ルールをわかりやすく伝えたりしていく。
◆ 子どもたちだけでも正月遊びが遊べるように工夫していく。
◆ 冬の寒さや霜柱のおもしろさに気づくように声かけをしたり、環境を整備したりする。
◆ 遊びや生活発表会を進めていくなかで、自分の思いや考えが伝えられるように援助したり、友達の意見を取り入れ、よりおもしろくなるように子どもたちといっしょに考え、楽しんだりしていく。
◆ 5歳児と交流できる場を設けたり、刺激を受けて自分たちで遊びをつくったりできるように素材を準備する。
◆ 生活発表会の予行練習に楽しく参加できるように声をかけ、見てもらったうれしさを感じられるようにする。

● 久しぶりの登園になるので、生活リズムが崩れている子がいないかなど、体調に注意する。

保育資料

【うた・リズム遊び】
・雪のペンキ屋さん
・ゆき

【自然遊び】
・霜柱集め　・氷作り

【運動遊び】
・鬼ごっこ

【表現・造形遊び】
・毛糸モール作り

【伝承遊び】
・たこ揚げ　・こま回し　・すごろく
・かるた　・羽根つき　・あやとり

【絵本】
・ゆうびんやさんのホネホネさん
・かさじぞう

自己評価の視点

子どもの育ちを捉える視点

- 自分の思いや意見を伝えたり、友達の意見を聞いたりしながら、遊びを進められたか。
- いろいろなことに挑戦し、自分なりの目標や楽しみを見つけて取り組んでいたか。

自らの保育を振り返る視点

- 子ども同士が相談しながら進めていけるように援助できたか。
- 正月遊びやルールのある遊びを楽しめるような環境を十分に用意できていたか。

1月 週案

	第1週〈預かり保育〉	第2週
ねらい	◇戸外に進んで出て、寒さに負けず体を十分に動かして遊ぶ。 ◆いろいろな正月遊びや伝承遊びに興味をもち、友達といっしょに楽しむ。 ◆冬の自然に親しみ、見たり触れたりして遊ぶ。	◇友達や保育者との再会を喜び、話したり遊んだりして楽しむ。 ◆冬の自然に興味をもち、生活や遊びに取り入れる。 ◆かるた、たこ揚げ、羽根つきなどの正月遊びを友達や保育者といっしょに楽しみ、ルールを知っていく。
活動内容	◇手洗いやうがいを自分でしようとする。 ◆正月遊びや伝承遊びなどのルールを知りながら、友達といっしょに遊んだり、すごろくやかるたなどを自分たちで作って楽しんだりする。 ◆冬の自然に触れて、見たり感じたり、観察したりする。 ◆進んで戸外に出て体を動かして遊び、体を動かすと温かくなることを感じていく。 ◆お正月に経験したことを友達や保育者に話す。	◇冬休みのできごとやお正月に食べた物、したことなどについてみんなで話し、共感する。 ◇3学期が始まることに期待をもち、楽しみにする。 ◇かぜをひかないように手洗いやうがい、衣服の調整などに自分なりに取り組む。 ◆家庭で経験した正月遊びを、友達と相談してルールを決め、十分に楽しむ。 ◆氷や霜柱、息の白さなど、冬の自然の美しさ、おもしろさに触れたり遊んだりする。
援助と環境構成	●正月遊びや伝承遊びが楽しめるように準備し、ルールをわかりやすく伝え、子どもたちだけでも遊べるように工夫していく。 ●すごろくやかるたなどを、子どもたちが自分で作ることができるように素材を準備し、作った物で楽しめるようにしていく。 ●冬の寒さや霜柱のおもしろさに気づくように声かけをする。 ●子どもたちが経験したことを話せる場を設ける。 ●遊びを工夫したり、ルールをつくったりして、戸外で遊ぶことが楽しくなるようにしていく。	●新学期が始まるので、保育室の掃除をしたり、正月の壁面飾りを作ったりして、子どもたちを迎える準備をする。 ●一人ひとりが十分に自分のことを話せる場を設ける。 ●正月遊びが楽しめるように遊具や用具を用意し、遊びの場を設ける（こま回し、かるた、たこ揚げ、羽つき、すごろく、けん玉）。 ●氷ができるように水を張ったばけつを用意し、朝凍っていることを伝えて、冬の自然を感じ、遊びに取り入れられるようにしていく。

認定こども園等

	第1週	第2週
教育活動後の時間	●神社に初詣に行き、お正月の雰囲気を味わう。 ●お正月に経験したことを遊びに生かしたり、友達とアイデアを出し合ったりしながらいっしょに楽しむ。	●賽銭箱や鈴、おみくじなどを作って、初詣の余韻を楽しむ。 ●作ったたこを近くの公園に飛ばしに行き、風で飛ぶ様子を楽しむ。
援助と環境構成	●暖房のきいた室内と気温の低い戸外では気温差が大きいので、気候に合わせて、衣服の調整ができるようにする。	●園外に出るため、社会のルールを守ることができるよう話をしていく。 ●園外でのけがに気をつける。

◇…養護面のねらいや活動　◆…教育面のねらいや活動

第3週	第4週
◇進んで戸外に出て、体を動かして遊ぶ。 ◆遊びや生活発表会の活動のなかで、自分の気持ちを伝えたり、友達の気持ちを聞いたりして、話し合って進めていく。 ◆異年齢児との交流を深め、刺激し合う。	◆生活発表会の予行練習に参加し、友達と表現する楽しさを感じる。 ◆いろいろな素材や遊具を使って、友達と作り上げる達成感を味わう。
◆戸外で、鬼ごっこなどのルールのある遊びを友達と積極的にする。 ◆いろいろな遊びに挑戦するなかで、できるようになることが増えて自信につながる。 ◆5歳児クラスのお店やさんに買い物に行くことを楽しみ、5歳児への憧れの気持ちを感じ、自分たちの遊びに取り入れていく（買い物に行くための準備、お金や財布作り）。 ◆生活発表会があることを知り、やってみたいことを話したり、友達の話をよく聞いたりして話し合いを進める。	◆生活発表会の予行練習に参加し、見てもらうことのうれしさや、表現することの楽しさを感じる。 ◆劇に必要な道具などを友達や保育者といっしょに作り、それを使って表現を工夫したり、親しみをもって大切に扱ったりする。 ◆友達と相談しながら、クラスのみんなで1つのことに取り組み、力を合わせることの大切さを知り、楽しさや達成感を分かち合う。
●生活発表会があることを伝え、子どもたちのやりたいことが実現できるように保育者もいっしょに考えたり、友達の話にも耳を傾けられるように声をかけたりする。 ●生活発表会が楽しみになるようにクラスで話を進めていく。 ●いろいろなことに挑戦できるように声をかけ、いっしょに練習したり、できるようになった喜びを感じられたりするようにする。 ●ルールのある遊びが楽しくなるように、子どもたちといっしょに遊びながら、自分の思いや考えが伝えられるように援助していく。	●生活発表会の予行練習に楽しく参加できるように声をかけたり、見てもらったうれしさを感じられるようにしたりする。 ●生活発表会で使う道具を友達と作れるように、素材を出したり、子どもたちのイメージが形になるように保育者もいっしょに作ったりしていく。 ●一人ひとりのアイデアをクラスのみんなにも伝えられるように意識する。 ●子どもたちから出たアイデアを遊びのなかに取り入れ、遊びが変化していくおもしろさをいっしょに感じる。
●夕方になると暗くなるので、暗いなかで行う「夜のかくれんぼ」をしたり、空が暗くなる様子を見たり、光を照らしてみたりして、遊びに取り入れる。	●気温が低くなるので、トランプなどでゆったりと遊ぶ。
●暗いなかだと視界が悪くなるため、けがなどに気をつけ、環境整備を行う。	●気温が低く、体調を崩しやすいので、長時間寒い場所にいないかなど、子どもたちの体調に注意する。

幼稚園の例

1月 日案
1月11日(金)

前日までの子どもの姿	●餅がテーマの絵本を読んだり、3歳児クラスのときの餅つきを思い出したりして、当日を楽しみにしている。 ●うすやきねを作り、餅つきごっこを楽しんでいる。		
ねらい	●つきたての餅の食感を楽しみ、味わう。 ●もち米から餅になる過程を楽しむ。	**主な活動**	●クラスの友達といっしょにきねで餅をつく。 ●自分でついた餅を食べる。

時間	予想される子どもの活動	保育者の援助	環境構成など
前日まで			・餅つきの用具を洗い、準備しておく。 ・もち米を洗い、水につけておく。
8:45	●登園 ・もち米がふかされている様子を見たり、もち米のよい香りを楽しんだりする。	・餅つきが楽しみになるよう、餅つきの話をし、子どもたちに声をかける。	・コンロなど危ない物は、子どもたちの手の届かない所に設置しておく。 ・もち米をふかし、うすに入れて準備をしておく。 ・餅つき会場の準備をしておく。
10:00	●餅つきの準備 ・手洗い、うがいをしっかり行う。 ・服の袖が長い子は袖を上にまくる。	・手洗い、うがいをしっかり行うよう伝える。 ・手をアルコール消毒できるように準備しておく。	・熱湯や火、重い道具などの扱いに注意し、子どもたちの安全面に気をつける。 ・アルコール消毒剤、タオルを用意しておく。
10:10 10:15	●餅つき ・餅つき会場に移動する。 ・クラスのみんなが餅つきの様子を見ることができるように、うすの周りに広がる。 ・ふかしたもち米の味見をする。 ・子どもたち一人ひとり、きねを持って順番に餅をついていく。 ・クラスのみんなで「よいしょ〜」と声を合わせて、一体感や雰囲気を楽しむ。	・餅つき会場に移動するよう促す。 ・子どもたち一人ひとりが参加しやすいような配置を考え、伝える。 ・ふかしたもち米を子どもたちに食べるよう促す。 ・職員やお手伝いの保護者がもち米の状態からきねでついていく。 ・1つのうすに対して、子どもが4名ずつ順番についていくようにする。 ・一人ひとりが餅をつけるように配慮する。	（図：手伝いの保護者・職員／うす／職員／子ども） ・餅をつく際に、一人ひとりがよく見えるように環境を考える。

時間	予想される子どもの活動	保育者の援助	環境構成など
	・もち米が変化する様子や音に注目する。 ・おいしくなるように、手伝いの保護者や職員が餅をつく様子を応援したり、みんなで「よいしょ～」と声を合わせたりする。	・もち米が変化していく様子を伝え、子どもたち一人ひとりの気づきをクラスのみんなに伝える。	
10:35	・つきたての餅を味見する（もち米と餅の違いがわかるように）。	・一口サイズに餅をちぎり、子どもたちが食べやすい大きさにする。 ・もち米と餅の違いに気がつけるように、話をしていく。 ・手伝いの保護者に餅を食べやすく丸めてもらう。	
11:00	・きな粉やしょうゆで味付けした餅をみんなでいっしょに食べる。 ・手伝いにきてくれた保護者や職員に感謝の気持ちを伝える。 ●自由遊び ・廃材でうすやきねを作ったり、砂場で餅つきごっこをする。 ●随時降園	・餅にきな粉やしょうゆで味付けする。 ・餅を食べるときは、のどに詰まらないようにゆっくりよくかんで食べるように声をかける。 ・餅つきの余韻を楽しめるように関わる。	・餅つきで使用した道具を片づける。

自己評価の視点

● 子どもたち一人ひとりが餅つきをできたか、十分に楽しめるよう援助できたか。
● 子どもたちから出た言葉や、どんな瞬間を楽しんでいたのかを振り返り、保護者に伝えられていたか。

月案	p138
週案	p140
日案	p142
保育の展開	p152

子どもの姿と保育のポイント

● 個人差に配慮を

　生活発表会という大きな行事を終え、クラスとしてのまとまりが出てきました。やりたいことを見つけて、一人ひとりがのびのびと生活する姿が見られます。

　しかし、活動のなかで個人差が目立つことも多くなってきました。クラスでの活動では、個人差が大きくなり過ぎないように活動案を考えたり、一つひとつに時間がかかる子には事前に声をかけたりするなど、ていねいに関わっていきましょう。もうすぐ進級ということも視野に入れ、子どもたちの「自分でできた！」という気持ちを大切にしながら過ごしていきましょう。

● 一人ひとりのアイデアを大切に

　自分のやりたいことに夢中になって取り組む姿が見られます。保育者は、子どもたち一人ひとりのおもしろいアイデアや工夫を、他の子どもたちに気づいてもらえるように援助しましょう。友達のよいところを認め合えるような人間関係がつくれるようにしたいですね。製作の素材は、今まで使ったことのなかった物を用意し、使い方を確認しながら新しい道具にも挑戦できるよう設定しましょう。

● ルールのある遊びに取り組む

　寒いなかでも友達同士で誘い合い、園庭に出てルールのある遊び（氷鬼、丸踏み、ドロケイなど）を楽しんでいる子どもたち。ルールを守れないときなど、どちらかが嫌な気持ちになってしまった場合にも、子ども同士で気持ちを伝え合う姿が見られます。子どもたちだけでは話が進まないときは、保育者が間に入って話を聞いたり、様子を見守ったりすることも必要です。同じ遊びでも、これまでの経験から楽しみ方が変わってきたり、一人ひとりの気持ちの変化が見られたりする時期です。保育者は注意して見守りましょう。

今月の保育ピックアップ

新要領・新指針の視点で

子どもの活動　友達といっしょに！

気の合う友達と遊ぶだけでなく、今まで関わりが少なかった友達とも関わることが増えてきます。いろいろな友達の気持ちに触れて、安心したり、友達といっしょだからこそがんばってみたり、挑戦しようとする気持ちが大切です。

子どもの活動　ルールのある遊び

この頃は、ルールのある遊びを子どもたちだけで進め、クラスで楽しむことができます。寒いこの時期でも、戸外で十分に体を動かして遊べる遊びを楽しみましょう。

2月のテーマ

友達の気持ちを考えたり、認め合ったりしながら、みんなで遊ぶことを楽しむ。

これもおさえたい！　感染症対策をしよう

気温が低く、体調を崩しやすい時期。感染症にかかる子が増えてきます。手洗い、うがい、マスクの着用など、予防を行い、感染症が流行しているときには、こまめに消毒を行っていきます。

行事　ひな祭りに向けて

3月3日のひな祭りに向けて、ひな飾りを見たり、自分だけのひな人形を作ったりして雰囲気を楽しみます。飾りの名前や意味も伝えていきたいですね。

2月 月案

前月末の子どもの姿
- 友達とイメージを合わせて、劇ごっこや踊りを楽しんだり、発表会当日を楽しみにしたりしている。
- たくさんの友達と関わり、共通のイメージをもってごっこ遊びなどをしたり、少し難しい課題に挑戦したりする。

	ねらい	子どもの活動内容
養護	◇子ども自身が必要性をわかったうえで、手洗い、うがい、衣服調整などを自分から行えるようになる。 ◇興味をもったことに繰り返し挑戦する。	◇こまめに手洗いやうがいを行い、衣服調整や物の管理などを、自分で意識して行う。 ◇縄跳びやこま回し、楽器の演奏など、すぐにできなくても、粘り強く取り組む。 
教育	◆生活発表会に向けて、友達と協力してクラス全体で取り組むことの楽しさを味わう。 ◆ルールのある遊びを友達といっしょに楽しみ、友達と相談しながら遊びを進め、工夫していく。 ◆移動動物園では、たくさんの生き物に触れることを楽しむ。 ◆5歳児クラスの演奏会へ行き、交流したり、刺激を受けて自分たちの遊びにつなげたりしていく。	◆生活発表会への取り組みで、表現を自分なりに考えたり、工夫したりする。そのなかで、自分の役だけではなく、友達の表現にも興味をもったり、認めたり、応援したりする。 ◆節分について理解し、自分のなかにいる鬼について考えて、話してみる。 ◆鬼ごっこや伝承遊びなどのルールのある遊びを、友達と相談したり、自分たちでルールを考えたりしながら楽しむ。 ◆移動動物園を楽しみにし、たくさんの動物に触れて優しく接したり、特徴を発見したりしながら楽しむ。 ◆5歳児クラスとの交流を楽しみ、まねをしたり、楽器・音遊びをしたりする。
教育活動後の時間	**認定こども園等** ●自信をもったことや挑戦していることをじっくりと楽しむ。	●大縄や跳び箱、鉄棒など、自信をもったことを継続して楽しむ。 

今月の食育
- 恵方巻きを食べたり、節分の由来を知ったりしながら、1年の幸せを願う。
- 野菜や海藻の栄養について知り、意欲的に食べる。

子育て支援・家庭との連携
- お便りなどで、生活発表会までの過程や子どもたちの具体的な姿を伝える。
- 移動動物園では未就園児の時間を設ける。

今月の保育のねらい

- 友達の気持ちを考えたり、認め合ったりしながら、みんなで遊ぶことを楽しむ。
- 興味をもったことに繰り返し取り組み、自分なりに挑戦し、できるようになったことを喜ぶ。

行事予定

- 節分
- 誕生会
- 生活発表会
- 年長演奏会
- 避難訓練
- 移動動物園

◇…養護面のねらいや活動　◆…教育面のねらいや活動

保育者の援助と環境構成

◇自分のことは自分で意識して行えるよう、そのつど声をかける。
◇さまざまなことに挑戦できるように、道具や素材を準備しておく。
◇挑戦する姿を認めたり、できた喜びに共感したりして、自信をもって取り組めるようにする。

◆発表会に向けて取り組む過程のなかで、自分の気持ちだけでなく、相手の意見も取り入れながら、当日まで楽しめるようにする。
◆節分のことを絵本などでわかりやすく伝え、自分のなかにいる鬼について考えられるような機会をつくる。
◆ルールのある遊びを友達と相談して進められるように、見守ったり援助したりする。
◆5歳児クラスとの交流がもてるように環境設定する。

- 戸外の気温が下がるので屋内でゆったり遊ぶ時間も設ける。
- 体が冷え、けがが起きやすくなるのでポケットに手を入れたままの子に声をかけるなどしていく。
- あらためて環境に危険な箇所がないか確認する。

保育資料

【うた・リズム遊び】
・ゆき
・ともだちになるために

【自然遊び】
・氷作り　・霜柱集め

【運動遊び】
・ドロケイ　・鬼ごっこ
・氷鬼　・縄跳び

【表現・造形遊び】
・踊り（生活発表会）
・生活発表会の絵
・動物の絵（移動動物園）

【伝承遊び】
・こま回し

【絵本】
・てぶくろをかいに
・おなかのなかにおにがいる

自己評価の視点

子どもの育ちを捉える視点

- 友達の気持ちを考えたり、友達と意見を合わせたりして遊びが進められているか。
- 生活習慣を自ら進んで行っているか。
- クラスの一体感がもてているか。

自らの保育を振り返る視点

- 子どもたちが活躍できる場を十分につくれたか。
- 友達の気持ちを聞いたり、互いを認め合えるような援助ができたか。

  2月 週案

	第1週	第2週
ねらい	◆生活発表会に向けて、友達と協力してクラス全体で取り組むことの楽しさを味わう。 ◆季節の変化を感じて、その季節ならではの行事を楽しむ。 ◆自分の気持ちや思っていることを、自信をもって発表する。	◆ルールのある遊びを友達といっしょに楽しみ、やり方を工夫していく。 ◆思いや考えを言葉で表現し、自信につなげていく。
活動内容	◆生活発表会の取り組みで、表現を自分なりに考えたり、工夫したりする。 ◆自分の役だけではなく、友達の役にも興味をもち、認めたり、応援したりする。 ◆経験したことを絵に描いたり、遊びのなかに取り入れて友達と楽しんだりする。 ◆節分について理解し、自分のなかにいる鬼について考え、話してみる。	◆鬼ごっこや伝承遊びなどのルールのある遊びを、友達と相談したり、自分たちでルールを考えたりしながら楽しむ。 ◆思ったことを伝えたり、相手の意見を聞いたりして、イメージを共有して遊ぶ。 ◆クラスやグループの話し合いのなかで、自分の思いを伝えたり、相手の意見を聞いたりすることの大切さを感じる。
援助と環境構成	●生活発表会に向けて取り組む過程のなかで、自分の気持ちだけでなく、相手の意見を聞くことも大切だと、ていねいに伝えていく。 ●一人ひとりの表現やアイデアを認め、生活発表会の当日を楽しみに迎えられるように声をかけていく。 ●節分のことを絵本などでわかりやすく伝え、自分のなかにいる鬼について考えられるような機会をつくる。 ●鬼を怖がる子もいるが、当日はそれを乗り越えて豆まきができるように声をかけていく。	●鬼ごっこなどのルールのある遊びを友達と相談して進められるように、援助したり見守ったりする。 ●遊びのなかでイメージを共有して楽しめるよう、援助が必要なときにはすぐに子どもたちの間に入れるようにする。 ●グループ活動のなかで話し合う機会などを設け、それぞれが意見を言えるように配慮する。

認定こども園等

	第1週	第2週
教育活動後の時間	●異年齢児みんなでわらべうたやルールのある遊び（かくれんぼなど）を楽しむ。	●遊びのなかで乳児の世話をしたり、いっしょにおままごとをしたりして関わる。
援助と環境構成	●遊びがダイナミックになってくるので、遊び方を見て、危ないと感じたらすぐに声をかけるなどしてけがを予防する。	●来年度に向けて、乳児が同じ環境で遊べる時間を設ける。 ●自分たちが5歳児クラスに進級したときの3歳児クラスの子どもたちだということを伝え、5歳児になることを喜んだり、乳児の世話ができるような環境をつくる。

◇…養護面のねらいや活動　◆…教育面のねらいや活動

第3週	第4週
◇避難訓練に参加し、身の守り方などを考える。 ◆興味をもったことに対して、繰り返し挑戦する。 ◆移動動物園でたくさんの生き物に触れることを楽しむ。	◆5歳児の演奏会へ行き、交流したり、刺激を受けて自分たちの遊びにつなげたりしていく。 ◆ひな人形を見て楽しむなど、ひな祭りという行事に触れる。 ◆憧れの最年長児になることを、友達と心待ちにする。
◇避難訓練に参加して、身の守り方などを考え、どのように行動すればよいか知る。 ◇友達の存在を認めながら協力して遊びを進め、充実感を味わう。 ◆移動動物園を楽しみにし、たくさんの動物に優しく触れたり、特徴を発見したりしながら楽しむ。	◆5歳児の演奏会を楽しみ、まねをしたり遊びのなかに取り入れたりしていく。 ◆友達といっしょにうたったり、楽器を鳴らしてリズムをとったりして楽しむ。 ◆今まで苦手だったこと、できなかったことにも挑戦してみる。 ◆ひな人形を見たり、ひな祭りについての話を聞いたりして興味をもつ。 ◆自分だけのひな人形を作る。
●避難訓練では、身の守り方をいっしょに考えたり、命の大切さを感じたりできるようにしていく。 ●友達といっしょに遊びを進められるように環境を工夫し、他の子の意見をクラスに広げて刺激を感じられるようにする。 ●動物の触り方や食べる物などをわかりやすく伝え、特徴を発見できるように声をかけていく（餌の用意をしておく）。	●5歳児の演奏会を見に行くことを楽しみ、保育室でも楽器に触れたり、プチ演奏会をしたりできるような環境を子どもたちと考える。 ●難しいことにも挑戦できるようにし、できたときの達成感が味わえるようにする。 ●いろいろな素材で自分だけのひな人形が作れるようにし、今まで楽しんできた技法が使えるような製作を行う。
●保育者や実習生たちの劇を見て、まねをしたり、表現遊びを楽しんだりする。	●いろいろな楽器に興味をもち、遊びのなかに取り入れていく。 ●オリジナルのひな人形を作ったり、地域のひな人形が飾られている所を見に行き、ひな祭りという行事に触れる。
●子どもたちに合った劇の内容を考える。 ●子どもたちがなりきり遊びを楽しめるように、素材を準備しておく。	●楽器を楽しめるように用意したり、廃材で楽器を作ったりできるように準備する。 ●地域で行われているイベントを調べ、子どもたちが安全に園外に行けるように計画を立てる。

幼稚園の例

2月22日（金）

前日までの子どもの姿	●動物の名前や生態、特徴を事前に調べ、園に動物がやってくるのを楽しみにしている。

ねらい	●生き物と優しく触れ合うことを楽しむ。 ●間近で動物を見て、特徴などを捉える。	主な活動	●移動動物園で動物に餌をあげて、触れ合う。 ●動物になりきったり、特徴を絵に描いたりする。

時間	予想される子どもの活動	保育者の援助	環境構成など
前日まで	・どんな動物が来るのかをポスターを見て確認したり、触れ合いたい動物を友達と話したりして、当日を楽しみにする。	・当日、持ってきてもらいたい餌の種類をお便りなどで伝える。	・移動動物園のポスターをクラスに貼る。 ・事前に移動動物園の方と連絡を取り、当日の動き方や準備物の確認をする。
8:45	●登園 ・家から持ってきた餌（にんじん、キャベツ、りんごなど）を餌回収箱に入れる。	・飼育員さんといっしょに餌や園庭の準備をする。 ・子どもたちが持参した餌を回収箱に入れるように促す。	・餌回収箱を設置する。
9:00	●自由遊び ・好きな遊びをする。		
10:00	●移動動物園 ・飼育員さんの説明をよく聞き、動物との触れ合い方や約束を聞く。 ・好きな動物と触れ合ったり、餌をあげたりする。 ・動物と触れ合うなかで、動物の温かさや毛並みの感触を味わう。 ・動物から逃げたり、大きな声を出したりせず、優しく動物に接する。 ・さまざまな動物の特徴を捉えたり、餌を食べている様子を観察したりする。	・飼育員さんの話が聞きやすいように子どもたちの配置を考え、伝える。 ・動物との触れ合い方を伝える。 ・同じ動物ばかりでなく、さまざまな動物と触れ合えるように一人ひとりを見守る。 ・動物の特徴を伝えたり、子どもたちの気づきを周りの子どもたちにも伝えたりする。	・餌を持って行きやすい位置に、餌回収箱を設置する。 ポニー／ぶた／ひつじ／やぎ／ひよこ／餌回収箱

時間	予想される子どもの活動	保育者の援助	環境構成など
	・動物が怖くて近づけない子がいる。 ・自分も動物になりきって、動物に話しかける子がいる。	・動物が苦手な子が怖がらないように、いっしょに動物をだっこしたり、不安にならないように声をかけたりする。	
10:45	・手をせっけんで洗い、保育室に戻る。	・動物との触れ合いの時間が終わりであることを伝え、保育室に戻るよう促す。	
11:00	●造形遊び ・実際に触れ合った動物を絵に描いてみる。	・子どもたちが動物を表現しやすいように特徴をいっしょに思い出したり、クラスのみんなとも気づいたことを共有したりする。	・子どもたちが気づいたことを表現しやすいように素材や画用紙、クレヨンや絵の具などを準備する。
11:40	●片づけ	・片づけの声かけをする。	
12:00	●お弁当 ・手洗い、うがいをする。 ・「いただきます」の挨拶をする。 ・「ごちそうさま」の挨拶をする。		
12:40	●自由遊び ・動物ごっこを楽しんだり、お面を作って動物になりきったり、飼育員さんになりきって餌やりを楽しんだりする。 ・友達といっしょに動物と触れ合ったことを振り返り、遊びを広げていく。	・子どもたちが遊びを広げられるように見守り、必要に応じて援助していく。	・動物のお面が作れるように素材を準備したり、環境を整備しておく。
13:10	●片づけ	・片づけの声かけをする。	
13:25	●帰りの集まり、降園準備		
13:45	●降園		

自己評価の視点

●一人ひとりが動物と触れ合うことができたか、楽しめるよう準備と援助ができたか。
●子どもたちの絵や表現から、気づいたことを感じとり、そこから遊びを広げていけたか。

月案	p146
週案	p148
日案	p150
保育の展開	p152

子どもの姿と保育のポイント

● なりたい自分を目指して

　4歳児クラスで過ごした1年間が、終わりに近づいてきました。子どもたちもさまざまなことを意識し始めます。進級することへの期待や不安を感じながら、友達や卒園していく5歳児との時間を大事に過ごしている姿が見られます。子どもたちが充実感を感じながら生活できるように、一つひとつの関わりを大切にしましょう。子どもたちがなりたい自分になれるように援助していきます。

● 友達との関わりのなかで

　遊びのなかでも友達との関わりのなかでも、さまざまなことに挑戦してきた子どもたち。まだまだうまくいかないことも多くありますが、相手の気持ちを受け止めながらも自分の気持ちを伝えようと、一生懸命に友達と向き合う姿を見ることができます。互いに認め合って遊ぶことができたときに、気持ちが通じ合う喜びを感じてほしいですね。保育者は、一人ひとりの成長を理解し、ていねいに関わりながら、子どもたちのがんばりが自信へつながるように援助していくことが大切です。

● 達成感を自信につなげる

　夢中になって遊ぶなかで、イメージしたことを形にしようとする姿を見ることができます。作りたいと思ったものを自分なりに工夫して作ったり、友達といっしょにごっこ遊びをおもしろくしようと協力したりします。さまざまな経験のなかで得たことを生かしながら、「やってみたい！」と思ったことを実現しようとしていきます。子どもたちが遊びのなかで感じた達成感を自信につなげ、さらに成長の一歩を踏み出していけるよう、思いを形にする姿を応援していきましょう。

今月の保育ピックアップ

保育者の援助

楽しさを共有する

子どもたちが夢中になっていること、友達と楽しんでいることを共有していきましょう。あるいは、保育者の発信をもとに、クラスみんなで遊ぶ機会をつくり、楽しさや思いを共有しましょう。

子どもの活動

経験を生かして、イメージを形に

1年間のさまざまな経験を生かし、自分で工夫したり、友達の力を借りたりしながら、やってみたいと思うことに挑戦し、イメージを形にしていきます。

3月のテーマ

いろいろなことに挑戦しながら、
互いを認め合い、
みんなで遊ぶことを楽しむ。

保育者の援助

子どもたちの気持ちに寄り添う

5歳児が卒園すること、自分たちが5歳児クラスに進級することを意識するようになります。保育者は、期待や不安と向き合う子どもたちの気持ちに寄り添っていきましょう。

これもおさえたい!

1年間を振り返って

子どもたちと1年間を振り返り、できるようになったことや楽しんできたことを共有してみましょう。歌をつくってうたったり、お楽しみ会をしたりして、クラスで過ごした思い出を感じる時間を大切にしましょう。

3月 月案

前月末の子どもの姿
- 最年長児になることを楽しみにしている。
- いろいろなことに挑戦したり、できるようになったことを友達と喜び合ったりしている。
- 友達と継続して遊びを楽しみ、助け合ったり、認め合ったりする。

	ねらい	子どもの活動内容
養護	◇進級を意識するなかで、これまでの1年を振り返り、自分なりの成長を意識し自信をもつ。 ◇5歳児への思いをもち、いっしょに遊ぶことを楽しむ。	◇進級することを意識して過ごしていくなかで意識が高まり、今までよりも自分でやってみようとする。 ◇5歳児への憧れの気持ちをもち、自分で考えて行動しようとする。
教育	◆ひな祭りの由来を知り、みんなでお祝いする。 ◆今まで遊んできた遊びを、友達といっしょに工夫しておもしろさを共有しながら深めていく。 ◆いろいろなことに挑戦し、認め合いながら、友達と遊びを進めていく。 ◆クラスの友達とお楽しみパーティーを楽しむ。 ◆お別れ会に参加し、5歳児へ感謝の気持ちを伝える。 ◆最年長児になることを楽しみにする。	◆ひな祭り製作を楽しんだことや、ひな人形を見て感じたことを遊びに取り入れる。 ◆ひな祭り会に参加し、異年齢児が作った作品を見たりして、みんなでひな祭りを祝い、成長を喜ぶ。 ◆いろいろなことに挑戦したり、友達と相談したりしながら、遊びを進めていく。 ◆お楽しみパーティーでは、クラスの友達とゲームをしたり、1年を振り返ったりしながら、楽しい時間を大切に過ごす。 ◆思い出を共有したり、懐かしんだりしながら、5歳児とのお別れに向けて、プレゼントを作ったり、メッセージを考えたりしていく。 ◆1年間にできるようになったことや楽しかったことをみんなで話し合い、友達のよさを認め合う。
教育活動後の時間	**認定こども園等** ●関わりが深い5歳児と過ごす時間を大事にしながら、自分の思いを伝えたり、いっしょに遊ぶことを楽しむ。 ●ルールのある遊びや集団遊びの楽しさを感じる。 ●進級によって新しい環境に変化していくなかで、安心して遊べる関係性を大事にしていく。	●5歳児へのプレゼント作りや、お別れ会で何をしたいかを考えるなど、感謝の気持ちを形にしていく。 ●自分たちで遊びを進めていくおもしろさを知り、ルールのある遊びや集団遊びを楽しんでいく。 ●進級することで起こる変化のなかでも、自分らしく遊べるように援助していく。

今月の食育
- お楽しみパーティーなどを通して、みんなでカレーなどを作って食べることを楽しみ、同じ物を食べる喜びを感じることをあらためて大切にする。

子育て支援・家庭との連携
- 子どもたちの1年間の成長や進級に対する姿を伝えていくなかで、1年間の家庭の協力に対する感謝を伝える。
- 個々の子どもの成長を伝え、進級に向けて伸ばしていきたいことも伝える。

今月の保育のねらい

- いろいろなことに挑戦しながら、互いを認め合い、みんなで遊ぶことを楽しむ。
- 最年長児になることに期待や憧れをもち、進級することを楽しみにする。

行事予定

- ひな祭り会
- お別れ会
- お楽しみパーティー
- 内科健診
- 誕生会
- 修了式

◇…養護面のねらいや活動　◆…教育面のねらいや活動

保育者の援助と環境構成

◇ 1年間の作品やクラスの活動の様子が写った写真などを壁面に飾ることで、自分が大きくなったことや、できるようになったことを感じられるようにする。
◇ なりたい自分をイメージできるように、年長児を見習って取り組もうとしていることを援助していく。

◆ ひな祭り会のなかであらためて意味を考えたり、友達が作ったひな人形を見て感じることを大事にできるように関わっていく。
◆ お楽しみパーティーを楽しめるように、子どもたちといっしょに考えたり、お楽しみパーティーの準備をしたりしていく。
◆ 1年間を振り返り、子どもたちがクラスみんなで思い出を共有できるようにしていく。
◆ 5歳児がもうすぐ卒園して小学生になることを伝え、子どもたちなりに受け止めたり考えたりする姿を大切にしていく。
◆ 進級することへの楽しみな気持ちや不安を受け止めながら、子どもたちが前向きに過ごしていけるように配慮する。
◆ 子どもたちのやりたい遊びを取り入れて、充実感を味わえるようにしていく。

- 年長児へのお別れ会を企画し、子どもたちが5歳児へのプレゼントなどを考えやすいようにアイデアを提案していくことで、感謝の気持ちを形にできるように援助していく。
- ルールのある遊びを取り入れたり、遊びに誘い合う姿を大切にしながら、子どもたちが主体的に遊べるように関わっていく。
- 進級に伴う変化を感じながらも、子どもたちが安心できる居場所づくりをしていく。

保育資料

【うた・リズム遊び】
・みんなともだち
・うれしいひなまつり

【自然遊び】
・霜探し　・氷遊び
・春探し　・泥だんご作り

【運動遊び】
・中当て　・ドッジボール
・ロープ登り

【表現・造形遊び】
・お話作り　・お城作り
・ゲーム作り　・オセロ
・ひな祭り製作

【絵本】
・はるかぜのホネホネさん
・めざめのもりのいちだいじ

自己評価の視点

子どもの育ちを捉える視点

- 子どもたち自身のやりたいことを、思う存分楽しめていたか。
- 自信をもって行動し、一人ひとりが十分に成長できたか。

自らの保育を振り返る視点

- いろいろなことを子どもたち自身でできるように、様子を見守ったり、援助したりすることができたか。
- 子どもたちの成長を認めて、自信につなげられたか。

3月 週案

	第1週	第2週
ねらい	◇いろいろなことに挑戦し、認め合いながら、友達と遊びを進めていく。 ◆ひな祭りの由来を知り、みんなでいっしょにお祝いする。 ◆今まで楽しんできた遊びを、友達とおもしろさを共有しながら、いっしょに工夫して深めていく。	◇5歳児への思いをもち、いっしょに遊ぶことを楽しむ。 ◆クラスの友達とお楽しみパーティーを楽しむ。 ◆お別れ会に参加し、5歳児へ感謝の気持ちを伝える。
活動内容	◆ひな祭り製作を楽しんだことや、ひな人形を見たことで感じたことを遊びに取り入れる。 ◆ひな祭り会に参加し、異年齢児が作った作品を見たり、あらためてひな祭りの意味を知ったりしながら、皆でひな祭りを祝い、成長を喜ぶ。 ◆楽しんでいる遊びを友達といっしょに工夫して思う存分楽しむ。 ◆いろいろなことに挑戦したり、友達と相談したりしながら、遊ぶ。 	◆お楽しみパーティーでは、クラスの友達とゲームをしたり、1年を振り返ったりしながら、楽しい時間を過ごす。 ◆思い出を共有したり、懐かしんだりしながら、5歳児とのお別れに向けて、プレゼントを作ったり、メッセージを考えたりしていく。 ◆お別れ会に参加し、5歳児が今までにしてくれたことを考えたり、感謝の気持ちを伝えたりする。 
援助と環境構成	●ひな祭り製作で経験したことを、遊びのなかでも生かしていけるように準備をする。 ●製作のときは、子どもたちが自分なりに工夫できるようにさまざまな素材を準備し、どんな物を作りたいかたずね、一人ひとりの製作に対する思いを認めたり、ほめたりする。 ●友達といっしょに工夫したり、思う存分楽しんだりできるように見守ることも大切にする。	●5歳児がもうすぐ卒園して小学生になることを伝え、子どもたちなりに受け止めたり考えたりする姿を大切にしていく。 ●5歳児へのプレゼントやメッセージに思いを込められるように、どんな思い出があるか聞いていく。 ●1年間を振り返り、子どもたちが思い出を共有できるようにしていく。 

認定こども園等

	第1週	第2週
教育活動後の時間	●友達といっしょに、ひな祭り会の余韻を遊びに取り入れて楽しむ。 ●5歳児といっしょにルールのある遊びを楽しむ。	●お別れ会やプレゼント作りなどを通して、5歳児への気持ちを形にしていく。 ●主体的に遊びに関わることで、自分たちで遊びを進めていくおもしろさを知る。
援助と環境構成	●5歳児との時間を大事に過ごせるように保育者が間に入り、遊びを広げていく。 ●新しい遊びを提案したり、遊び込んでいけるように援助や準備をしていく。	●子どもたちの思いを形にできるように提案したり、援助をしたりしていく。 ●主体的に遊ぼうとする子どもたちを支え、見守る姿勢をもって関わっていく。

◇…養護面のねらいや活動　◆…教育面のねらいや活動

第3週	第4週 〈預かり保育〉
◆いろいろなことに自信をもって行動していく。 ◆1年間親しんだ友達や保育者と十分に遊び、充実感を感じる。 ◆5歳児クラスになることを楽しみにする。	◇年長になることに期待をもち、いろいろな活動に関わろうとする。 ◆身近な自然と関わり、春への季節の変化に気づいていく。
◆1年間過ごした保育室に感謝の気持ちをもって掃除をしたり、自分の物を整理したりする。 ◆1年間にできるようになったことや楽しかったことをみんなで話し合い、友達のよさを認め合う。 ◆戸外に出て思い切り遊んだり、新芽や花を見つけたりして、春の自然を感じる。 ◆友達や保育者と十分に遊び、自分なりに表現して、共感し合う。 ◆進級に対する不安な気持ちに向き合おうとする。 	◆進級することへの喜びや期待感をもって園生活を過ごす。 ◆新しく入園してくる子どもや新たに4歳児クラスになる子どもに、思いやりの気持ちをもつ。 ◆自然に触れるなかで、春の訪れを感じる。 
●1年間過ごした保育室に感謝の気持ちをもち、自分たちで考えて掃除したり整理できるようにしていく。 ●雑巾やばけつを用意し、絞ること、拭くことができるようにしておく。 ●楽しかったことをクラスで話し合える場をつくり、友達のよさにあらためて気づけるように声をかけていく。 ●子どもたちのやりたい遊びをたくさん取り入れて、充実感を味わえるようにしていく。 ●進級することが楽しみになるように、5歳児について話をしていく。	●進級やクラス替えに不安を感じる子どももいることに配慮する。 ●保育者が来年度の準備をするなかで、子どもたちが進んで保育室の片づけや掃除ができるように、掃除用具などを準備する。 ●自分たちの場所だけでなく、園全体の来年度への準備にも関心をもてるような声かけをする。 ●身近な自然の変化に気づくように、戸外での活動を意識して取り入れる。 
●友達の気持ちに触れながら、自分の気持ちも伝えようとし、遊びや関わりを深めていく。 ●進級することを意識しながら、安心できる遊びや友達関係をつくっていく。	●進級に伴う不安や喜びの気持ちをもちながら生活していく。 ●環境が変化していくなかで安心できる遊びや関係性を大事にしながら過ごす。 ●春の自然に触れて遊ぶ。
●必要に応じて関わりながらも、友達と共感しながら遊ぶことを楽しめるように、子ども同士のやりとりを大事にしていく。 ●進級することを意識する子どもたちのさまざまな気持ちを受け止め、安心して過ごせるように関わっていく。	●さまざまな保育者が関わるなかで、子どもたちが安心できるよう、さらに連携を密にしていく。 ●春の自然を遊びに取り入れられるように進めていく。

幼稚園の例

3月 日案
3月14日(木)

前日までの子どもの姿	●5歳児と過ごす時間も残りわずかになり、プレゼント作りなどをする姿がある。 ●遊びのルールを教えてくれたり、引っ張っていってくれたりと、5歳児といっしょに遊ぶことで頼もしさや感謝の気持ちを感じる。	
ねらい	●お世話になった5歳児に感謝を伝える。 ●5歳児を見て、進級する気持ちにつなげる。	**主な活動** ●5歳児のお別れ会

時間	予想される子どもの活動	保育者の援助	環境構成など
8:45	●登園 ・身支度を済ませる。	・登園してきた子に挨拶をしながら、あらためてきょう5歳児のお別れ会があることを伝える。	・登園後にスムーズに遊びだすことができるように、遊びのコーナーをつくったり、前日からの遊びの続きができるようにしておく。
9:00	●自由遊び ・自由に遊び始める。 ・きょうがお別れ会ということをあらためて聞いて、自分が作ったプレゼントのメダルや、メッセージを見ている子もいる。 ・5歳児や他のクラスの子に対しては、「絶対秘密だからね！」などと声をかける子もいる。	・それぞれが遊んでいる所に行き、遊びがうまくいっていない場合は、なかに入って援助する。 ・作ったプレゼントを見たいと子どもたちに言われた場合は、いっしょにプレゼントを確認する。	ホール ［ステージ／年少／年中／年長］
10:20	・片づけをし、ホールに集まる。	・子どもたちに早めに片づけの声をかけていく。	
10:30	●お別れ会 ・入場してくる5歳児を迎える。 ・3歳児、4歳児の順番に、5歳児に質問をしたり、歌や作った物のプレゼントを紹介したりする。 ・自分たちの番が来ると、折り紙をちぎって貼って作ったメダルを、大きな声で紹介する。	・子どもたちとホールに行って並び、お別れ会の司会をする。 ・5歳児の子どもたちとのやりとりを楽しめるようにしていく。 ・各年齢児からのプレゼントを紹介する。	

時間	予想される子どもの活動	保育者の援助	環境構成など
	・5歳児への質問では「どうやったらかっこいい5歳児さんになれますか？」「どうやったら速く走れますか？」など、クラスで考えてきたことをたずね、熱心に返答を聞く。 ・5歳児の歌を聞く。 ・自分たちも歌のプレゼントをする。	・各年齢児からの質問や返答を聞きながら、子どもたちの感想などの声を聞く。 ・疲れて集中できなくなってきている子に声をかける。	
11:00 11:10	●お別れ会終了 ・保育室に戻ったあとで、紹介したメダルを5歳児一人ひとりにかけてあげられるよう、5歳児の保育室を訪ねる。 ・一人ひとりにメダルをプレゼントして「ありがとう」と伝える。 ・5歳児からもメッセージをもらって喜びながら保育室に戻る。	・5歳児が退場したら、3、4歳児も退場するよう促す。 ・クラスの子どもたちと5歳児の保育室に行き、メダルを渡すのを見守る。	
	●帰りの集まり、降園準備 ・トイレ、帰る準備を済ませ、集まる。 ・お別れ会の余韻のなかで集まりをし、自分たちの進級についても考える。 ・「さようなら」の挨拶をする。	・帰りの集まり、降園準備の声をかける。 ・5歳児からもらった言葉や歌の余韻を大事にしながら、集まりの時間をじっくりと過ごせるよう配慮する。	
11:40	●降園		

自己評価の視点

- 5歳児に対する気持ちを、あらためて伝えることができるお別れ会になったか。
- 5歳児から受ける影響を大事に過ごすことができるよう援助できたか。
- 司会として、会を円滑に進めながらも、子どもたちの声や気持ちを聞くことができたか。

1・2・3月 保育の展開

節分　自分のなかの鬼と向き合う豆まき

子どもにとって怖い存在の鬼。しかし、節分が、ただ怖いだけのものになってしまってはいけません。節分の意味を子どもたちといっしょに考えていきましょう。

1 自分のなかに鬼がいる？

節分を迎えるにあたって、子どもたちと「自分のなかにいる鬼ってどんな鬼？」ということを考えます。「鬼なんていないよ！」と言う子が多くいるなかで、保育者が「先生のなかには忘れんぼ鬼がいるかも」と話すと、「わたしのなかにもいるかも！」と少しずつ考えようとし始める姿が出てきます。

まだ自分のなかにある課題に目を向けるということは難しいですが、子どもたち一人ひとりが、節分に意味を見出し、がんばろうとするきっかけをつくっていきましょう。

2 豆まき前の活動や設定

クラスで豆まきに向けた活動を取り入れるのもよいでしょう。折り紙や和紙、廃材の箱を使うなどして、豆を入れる入れ物の「三方」や「ます」を作ります。

子どもたちが「これで鬼をやっつけるぞ」「これで安心」という気持ちも込めて、大事にして、ていねいに作れるように援助しましょう。もちろん楽しんで活動できる内容を考えることも大切です。

3 鬼に備える子どもの姿

豆まきまでの間、遊びのなかでも節分を意識して過ごす様子が見られます。武器を作って「これで鬼と戦う！」と言っていたり、紙を丸めて豆を作ったり、友達と豆まきの歌をうたったりと、それぞれが考えたことを遊びのなかに取り入れていく姿があります。

4 達成感が味わえる節分に

豆まき当日は、ドキドキしながら鬼の登場を待ち、出てきた鬼に一生懸命に豆を投げたり、歌をうたったりして、一人ひとりが自分なりに立ち向かおうとします。保育者といっしょなら、友達といっしょならとがんばっている子がいたり、友達のことを「守ってあげる！」とかばったりする様子も見られます。

怖いだけではなく、終わったあとに達成感を味わい、「がんばることができてよかった」と、がんばった自分を認めて自信につなげる機会にしていきましょう。

日本の文化を味わうひな祭り

日本の伝統行事であるひな祭り。伝統的な行事のなかで、本物のひな人形を見ながら、これまでの経験を生かした製作をしてみましょう。

1 日本の文化に触れる

園でひな人形が飾られる頃、子どもたちも「家にもある！」「妹のひな人形を買ったよ！」とひな人形を見て、ひな祭りが来ることを意識し始めます。日本文化の1つに触れ、どんな意味があるのかを考えることも大事にします。子どもたちがひな祭りをどう感じて、どんなふうに遊びに取り入れていくのかを予想し、発見を楽しんだり、友達と共感し合ったりできるように関わりましょう。

2 本物のひな人形を見てみよう！

人形の数、表情や着物、持ち物やその意味、人形一つひとつの役割など、ひな人形には細かいところまで意味があります。「顔が白いよ」「赤い顔のおじいさんもいるよ！」「たいこを持っているね！」など、子どもたちの発見をともに喜び、人形の意味を伝えられるようにしましょう。

3 ひな人形を作ろう！

これまでにさまざまな製作活動や遊びをしてきたことで、子どもたちが楽しめることの幅も広がってきていると思います。その経験を生かして、どんなひな人形を作るか考えていきましょう。お内裏様とおひな様を一人ひとりが作っても個性的なものがたくさんできておもしろいですし、クラスでひな人形やひな壇を作るのもすてきです。お内裏様とおひな様を作るときには、実際にひな人形を見て、どんな顔をしているのか絵を描けるようにしてもよいでしょう。

4 ひな祭りを通じて感じることを大切に

作ったひな人形を友達と見せ合ったり、ひな祭り会に参加してあらためて意味を考えたり、給食のひな祭り会食を食べたりと、ひな祭りを通じて感じることを楽しめるようにしましょう。子どもたちの豊かな発想を形にしていきながら、友達といっしょに楽しめるようになって広がるおもしろさを感じる機会にもしていきたいですね。

1・2・3月 保育の展開

1・2・3月 保育の展開

イメージを表現して楽しもう！ 生活発表会

〔生活発表会〕

1、2学期に楽しんできたことや遊びを発表する機会です。子どもたちが主体的に取り組めるように、「やりたい！」という気持ちを大事に取り組んでいきましょう。

🌸 表現することの楽しさ

　生活発表会は、普段楽しんでいる表現遊び（ごっこ遊びやなりきり遊び）を見てもらう場になります。台本通りに進めることを大切にするのではなく、役になりきったり、その場をイメージしながら声に抑揚をつけたりと、体全体で表現する姿を大切にしましょう。
　言葉でのやりとりを楽しむ姿も多く見られる時期です。子どもたち一人ひとりの声をていねいに聞いていき、子どもが自分のイメージを周りに伝えることはもちろん、友達の話にも耳を傾けられるようにしていきます。

🌸 異年齢児から刺激

　12月の5歳児の発表会を見て、よい刺激を受け、自分たちの発表会への意識が高まってきました。5歳児の劇や踊りをまねして舞台の上でやってみるところから始まり、自分たちの劇や踊りも楽しむようになっていきます。自信がついてきたら、3歳児に踊りを教えたり、お客さんになって見てもらったりします。見てもらう喜びを子どもたちが感じられるように、発表会当日前の予行練習を他の年齢の子どもたちに見てもらう機会を設けるとよいでしょう。

🌸 苦手なことに挑戦する機会に

　生活発表会を、苦手なことや勇気が出ないことにも挑戦する機会にしましょう。「苦手だからやらない」のではなく、どこが苦手なのか、どうしたらやってみたいと思えるようになるのかをクラスのみんなで共有したり、がんばっているところをクラスのなかで応援し合ったりできるような関係づくりをしていきたいですね。友達の気持ちを聞いてみることで、同じ思いの子がいることに気づいて安心したり、励まし合ったりできます。苦手なことにクラスみんなで取り組んでいけるよう、保育者も関わっていきましょう。

🌸 保育者が1年を振り返る機会に

　子どもたち一人ひとりが、本当に好きなことや自信をもっていることはなにかを、保育者があらためて考えるよい機会です。そのなかで、子どもたち一人ひとりの課題が見えてきます。保育者側から見えていなかったことや欠けていたことを見直しましょう。
　また、子どもたちが生活発表会に取り組む様子やがんばっているところを、保護者にも懇談会やお便りでこまめに伝えましょう。生活発表会当日までのプロセスが重要だということが、保護者にも伝わるよう配慮します。

子どもの興味に沿った発表会

　どんなことを見せたいのか、どんなことをしたいのか、どんなイメージのお話や曲がいいのか、子どもたち一人ひとりと話してみましょう。1、2学期の姿などから、その子の好きなことを探っていってもいいですね。劇でも、踊りでも、歌でも、子どもたちが舞台上で表現する姿を最大限に出せるように、環境づくりをしていきます。

●劇
　どのようなお話にしたいのか、子どもたちにイメージを聞いていき、物語になるように保育者がストーリーの土台をつくっていくとよいでしょう。友達や保育者といっしょに劇をつくりあげる楽しさを、子どもたちに感じていってほしいですね。
　子どもたちが役を演じる際には、「○○みたいな動きで」「○○役ってどんな感じかな？」など、役のイメージをもちやすいように言葉かけをするとよいでしょう。

●踊り
　どんな曲で踊りたいのか、どんなイメージの踊りがよいのか、子どもたちと話をします。保育者が候補曲を決めておき、子どもたちといっしょに曲を聞いたり、体を動かしてみたりして、子どもたちに合った踊りやすい曲を選んでいきましょう。好きなポーズを考えたり、繰り返し楽しめるような振付を入れたりしたいですね。

●歌
　子どもたちの話を聞き、クラスの子どもたちの気持ちに合った歌詞の曲を選びます。うたいやすくなじみやすい曲がよいでしょう。長さや曲調にも配慮しましょう。歌詞の意味なども子どもたちに伝えて、心を込めて歌えるようにします。

小道具や衣装でさらに楽しく！

　保育者は、音響や衣装、小道具や大道具などを準備していきます。壊れないように丈夫な物を作ったり、必要な物があればすぐに作れるように素材を準備したりしておきましょう。子どもたちが自分で作れそうなものは、子ども自身が作っても楽しいですね。小道具や衣装があることで演じることが更に楽しくなり、見ている人もイメージがつかみやすくなります。

1・2・3月　保育の展開

　健康

進級までに確認したい 生活習慣・生活リズム

進級までに、自分のことは自分でやろうとする気持ちをもてるようにしたり、できた喜びを感じられたりするようにしていきましょう。

基本的な生活習慣を再確認

手洗い、うがい、歯磨き、着替えなど、基本的な生活習慣の必要性を子どもたちにあらためて伝えていきます。身についていないことがあれば、5歳児クラスに進級するまでに、自分のことは自分でやろうとする気持ちをもち、できた喜びを感じられるようにしていきます。

●着替え
気温や体調に合わせて、衣服が調節できるように声をかけます。衣服が汚れたらビニール袋に入れて持って帰ったり、新しい衣服を着たりという基本的なことができるようにしておきたいですね。また、衣服をしまうときは畳むなど、一つひとつていねいに声をかけます。

●歯磨き
食事をしたあとは、歯磨きをするように指導します。歯ブラシを持ったまま立ち歩かないように伝え、子どもたちが落ち着いて歯磨きをすることができるような環境づくりをします。歌や絵本などで、子どもたちが歯磨きに興味をもち、楽しんで取り組めるように配慮しましょう。

生活リズムを整える

生活習慣が身につき、起床時間や食生活などの生活リズムが整うことは、健康な体づくりにもつながっていきます。

寒いから、暑いから…とずっと同じ場所で遊んでいるのではなく、寒いときには動いて体を温めたり、暑いときには体を休めたりすることも大切です。

子どもたちの表情や体調を見て、こまめに声をかけていきましょう。

保護者との連携

保護者へ生活習慣の大切さや一人ひとりの現状をこまめに伝えます。いつもと様子が違うときなどにはすぐに連絡がとれるようにし、家庭との連携を大事にしていきましょう。また、起床時間や食生活、登園時間などの生活リズムが崩れている子に対しても、家庭でどのような生活をしているのか聞いてアドバイスをするなど、対策を行っていきましょう。

健康 子どもたちや保護者と取り組む感染症対策

感染症に気をつけたい冬。各種の予防や対策を行い、体調の悪い子がいたら、保護者に連絡をとってゆっくり休めるよう協力してもらいましょう。

日頃の予防策が大切！

●**手洗い、うがいの習慣づけ**
外から帰ってきたときなど、手洗い、うがいをこまめに行います。アルコール消毒剤を用意し、手洗い後に自分で消毒できるようにしておきましょう。特に、食事の前や食品を扱うときには、必ずアルコール消毒を行うようにします。

●**せきが出るときの指導**
マスクをしたり、せきをするときは手で口を覆ったりするように日頃から指導しておきます。

●**こまめな換気**
空気の入れ替えをこまめに行います。

●**体温調整の声かけ**
体温調節が難しくなるので、戸外と室内で着る物を替えます。室内では、汗をかくなどしても自分から着替えができない子もいるので、チェックをして声をかけましょう。

●**こまめな消毒**
感染症が流行しやすい時期は、毎日、子どもたちが触れる所（ドアノブや手すり）などを殺菌消毒剤でこまめに消毒します。

嘔吐の処理の準備

子どもが嘔吐してしまった場合、飛沫感染を防ぐために、すぐに処理する必要があります。そのため、嘔吐処理セット（マスク、新聞紙、ビニール袋、消毒液、手袋など）をトイレなどに常備しておきましょう。また、処理の仕方など、職員間で共通の知識をもつことが大切です。

保育者間・保護者との情報共有

流行している感染症を保育者間で共有したり、クラス別やバスコース別に体調不良者の人数を把握したりしておきましょう。また、保護者にも流行している感染症を伝えるなど、注意喚起を促せるようにしておきます。

園バス内での感染を予防

園バス内で感染するケースも多いようです。換気や消毒をこまめに行うなど、対策をとっていきます。また、保育者もマスクをして感染を予防するなど、保育者が感染源にならないよう注意していきましょう。

1・2・3月 保育の展開

1・2・3月 保育の展開

異年齢交流

お店やさんごっこで5歳児と交流

5歳児からよい刺激を受け、憧れの気持ちをもち、まねをして遊びの幅を広げていく機会となります。言葉でのやりとりも楽しんでいきたいですね。

🌸 異年齢交流までの活動や設定

お店やさんの商品作りをする5歳児の姿を見たり、お店やさんに招待してもらったりして、当日を楽しみにする姿が見られます。

事前に配られたポスターを見て、行きたいお店を選んだり、5歳児に「お店やさん楽しみ！」などと声をかけたりできる環境づくりをしていきましょう。

また、当日、買い物のやりとりができるように、子どもたちは財布やお金をつくり、保育者がそれを使った買い物でのやりとりの仕方を伝えます。

🌸 異年齢交流当日

子どもたちは、作っておいた財布やお金を手提げ袋に入れ、目当てのお店に行ったり、好きな商品を選んだりします。いざ5歳児を前にすると緊張してしまう子もいるので、保育者が5歳児との買い物のやりとりを楽しめるよう、援助していきます。子どもたちが、いろいろなお店を回れるように配慮しましょう。お店やさんで買った物は、家に持って帰ったり、遊びのなかで使ったりと、大事にできるようにします。

🌸 異年齢交流後の活動や設定

5歳児のまねをしてお店やさんごっこをしたり、自分たちでなんのお店やさんにするか考えてみたりする姿が見られます。また、3歳児をお客さんに呼び、やりとりや商品が売れることを楽しむ姿もあります。

お店やさんで交流した5歳児と仲よくなって遊ぶ機会が増えるなど、子どもたちの人間関係が広がっていきます。こうした交流の広がりを大切にしていきましょう。

保護者の園内活動・サークル

保護者支援

当園では、保護者同士の交流を大切にしています。「子どもたちのために」をモットーに活動を行う保護者の園内活動やサークルを紹介します。

大掃除

保育室の大掃除に、学期ごとにいっしょに参加してもらっています。床や棚などを拭いたり、窓のサッシのように、普段はこまめに掃除しないような所をきれいにしたりします。大掃除をしている保護者の姿を見て、子どもたちもいっしょになって掃除をする姿が見られます。

係、クラス委員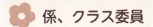

年度初めに、行事ごとにお手伝いに参加する保護者を決めてもらっています。行事当日のお手伝いをしてもらったり、子どもたちの姿を見てもらえたりする機会になります。クラス代表の保護者を決めて活動したり、情報を共有したりして、保護者同士の交流を図ることもできます。

おやじの会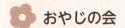

普段、関わることの少ないお父さんが集まり、休日にイベントを開いたり、運動会のメダル作りなどのお手伝いをしてもらったりしています。お父さんならではの力仕事など、アイデアを出し合いながら活動しています。

ホームページ委員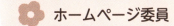

園のホームページを作成したり、ブログで子どもたちや園の様子を知らせたりといった活動をしてもらっています。

ガーデニング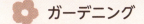

入園式や卒園式で飾る花を育てたり、日々の保育の遊びのなかで使える花を育てたりしてもらっています。子どもたちが自然物を身近に感じられるよう、園内に植物を植えるなどの活動もしています。

おしゃべり会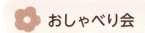

テーマを設けるなどして、保護者同士が子育てなどの悩みを話し合ったり、相談できたりする機会を設けています。

保護者バンド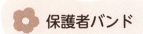

楽器が得意な保護者が集まり、子どもたちの前で演奏し、音楽の楽しさを感じてもらう活動をしています。子どもたちもいっしょになってリズムをとったり、歌をうたったりできるようなプログラムを組んでいます。

手芸サークル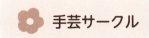

園主催のバザーにハンドメイドの品物を出品してもらったり、子どもたちがおままごとで使うスカートなどを作ってもらったりしています。

●要領・指針の改訂（定）と指導計画 執筆　　（掲載順／肩書きは執筆時のもの）
神長美津子（國學院大學 人間開発学部子ども支援学科 教授）
渡邉英則（学校法人渡辺学園 港北幼稚園 園長、認定こども園 ゆうゆうのもり幼保園 園長）
鈴木八重子（元 文京区立保育園 園長）

●指導計画、保育の展開 執筆　　（肩書きは執筆時のもの）
学校法人渡辺学園 港北幼稚園
（渡邉英則、藤田有美子、前田菜都美、鈴木彩香）
認定こども園 ゆうゆうのもり幼保園
（渡邉英則、米田響子、国府田航）

カバーイラスト	カモ
カバー、CD-ROMデザイン	株式会社リナリマ
本文イラスト	北村友紀、坂本直子、にしだちあき、町塚かおり、みやれいこ、もりあみこ
本文校正	有限会社くすのき舎
CD-ROM製作	株式会社ケーエヌコーポレーションジャパン
編集協力	株式会社エディポック
本文デザイン・DTP	松崎知子、株式会社エディポック
編集	田島美穂、西岡育子、井上淳子、石山哲郎

役立つ！書ける！4歳児の指導計画
平成30年度施行 要領・指針対応　　CD-ROM付き

2018年2月　初版第1刷発行
2023年1月　　第6刷発行

著　者　4歳児の指導計画 執筆グループ
発行人　大橋 潤
編集人　竹久美紀
発行所　株式会社チャイルド本社
　　　　〒112-8512　東京都文京区小石川5-24-21
　　　　電話　03-3813-2141（営業）
　　　　　　　03-3813-9445（編集）
　　　　振替　00100-4-38410
印刷・製本　共同印刷株式会社

©Child Honsha Co.,LTD. 2018 Printed in Japan
ISBN978-4-8054-0270-2
NDC376　26×21cm　160P

チャイルド本社ホームページ
https://www.childbook.co.jp/
チャイルドブックや保育図書の情報が
盛りだくさん。どうぞご利用ください。

■乱丁・落丁本はお取り替えいたします。
■本書の無断転載、複写複製（コピー）は、著作権法上での例外を除き禁じられています。
■本書を代行業者等の第三者に依頼してスキャンやデジタル化することは、たとえ個人や家庭内の利用であっても、著作権法上、認められておりません。

【CD-ROMに収録されているデジタルコンテンツの使用許諾と禁止事項】
・本書付属のCD-ROMに収録されているデジタルコンテンツは、本書を購入された個人または法人が、その私的利用の範囲内においてお使いいただけます。
・本コンテンツを無断で複製して、第三者に販売・貸与・譲渡・頒布（インターネットを通じた提供も含む）することは、著作権法で固く禁じられています。
・本CD-ROMの図書館外への貸し出しを禁じます。